続・18歳の読書論

——図書館長からのメッセージ——

和田　渡 著

晃 洋 書 房

はじめに

本はどこへいってしまったのだろう。電車のなかで本を読む若者がほとんどいなくなった。全員がスマホとにらめっこ。電子書籍を読んでいるひとをたまに見かけるが、大半の若者の視線は、目の前の小さな窓に釘づけになっている。そのなかにすべてがあるといわんばかりに。

たしかに、スマホは便利このうえないツールである。なんでもできるし、ほしい情報はすぐに手に入る。ただ、それは期待を超えていくような、得体の知れない経験をけっしてもたらしてはくれない。そこで出会えるのは、どこまでいっても、自分の貧しい欲望の無限の再生産でしかないのだ。

本はまったくちがう。物理的には紙とそこに印刷された文字の集積でしかないはずなのに、ときとして、それは時代を超えて書き手と読み手の血の通った交流を可能にしてくれる。すぐれた書物とは、読者が最後のページを閉じたとき、いままでとちがう自分になっていると感じることのできる本である。かつてそれを書いた作者自身も、書き終えたときにちがう自分になったと感じたにちがいない、そうした本なのだ。書き手と読み手が互いを映しあい、惜しみなく与えあう、そのような幸福な読書経験を若いときにどのくらいもてたかによって、その後の方向が決まる。

スマホをいくらいじっても、人間として生きていくための力は身につかない。それは、生活のリズムをせかせかと落ち着きのないものにするばかりか、生きる時間をどんどんやせ細らせてしまう。それに対して、じっくりと落ち着いて本を読む経験は、まさしく逆の働きをすると言っていい。それは複数の生を生きること、他者との豊かな対話によって、あたらしい自分を発見していくことなのだから。

時代遅れと言われようと、化石呼ばわりされようと、読書の大切さを学生のみなさんに訴え続けること、それが哲学教師の使命だと信じている。

目次

4月—1
図　書　館
——ひとと本がつむぎあげる世界——

アルベルト・マングェル『読書の歴史――あるいは読者の歴史――』（新装版、原田範行訳、柏書房、2013年）は、読書の魅力、面白さ、刺激的効果などについて縦横無尽に語る圧巻の一冊である。マングェルは、1948年にブエノスアイレスに生まれ、当地とロンドンで教育を受けた。英語、スペイン語、フランス語、ドイツ語など数箇国語を駆使する作家、批評家として世界的に著名である。

『読書の歴史』新版に寄せて」で、マングェルは人間を「本質的に読む生き物」であると定義しつつも、その特徴が失われつつある現代をこう批判する。「私たちは陳腐で安易なことにそそのかされ、読書を中断する娯楽を発明してしまいます。そして、貪欲な消費者と化し、新しいものだけに関心を持って過去の記憶には目もくれなくなってしまうのです。もはや知的行為は権威を奪われ、つまらない行いや金儲けの欲望に取って代られます」（iv頁）。「世界を結ぶ無線通信の幻想」（同頁）にかられ、無限の情報を追いかける忙しさと、ゆっくりと落ち着いてページをめくる余裕とは相容れない。最新の電子機器は人間の時間を細切れにし、やせ細らせるが、本を読む時間は思考力と想像力がからみあって豊かに実ってくる。しかし、実る時間を生きることはむずかしくなるばかりだ。「金銭的な野心を持った技術者たちによって作られた現実の体験をシュミレートする電子製品」（vii頁）に誘惑されて、ひからびた時間のなかへ落ちていくのだ。マングェルによれば、産業中心の世界は、強欲で過剰な開発、過剰な消費、過剰な生産、無限の成長によって脅かされている（同頁参照）。それゆえに、彼は読書への期待をひかえめに語る。「一冊の本（あるいはカテドラル）へ穏やかな敬意を払うことで、もしかしたら私たちは立ち止まって内省し、誤った選択肢やばかばかしい楽園の約束を越えることができるかも知れません」（同頁）。

最初におかれた章のタイトルが「最後のページ」であり、〈読書すること〉と〈読者の力〉と続き、「見返しのページ」が締めくくりにおかれている。「陰影を読む」「黙読する人々」「絵を読む」「一人で本を読むこと」「未来を読む」「書物泥棒」「禁じられた読書」「書物馬鹿」といった、多彩な内容を含んでいる。すぐれた作家や詩人の読書観もいたるところにちりばめられていて、飽きることがない。アリストテレス、ウェルギリウス、エラスムスをはじめとする古今東西の読書人たちの図版やめずらしい写真なども豊富で楽しい。

「最後のページ」で、マングェルは読書の意義を端的に語っている。「私たちは誰もが、自分が何者であり、そしてどこにいるのかを少しでも知ろうとして、自分自身や自分をとり巻く社会を読む。私たちは理解するために、あるいは理解し始めるために読むのである。読まずにはいられないのだ。読むとはつまり、呼吸するのと同じく、私たちに必須の機能なのである」（19頁）。マングェルは、読むことを呼吸と同レヴェルに位置づけて、それなしには人間は生きられないのだと断言している。だが残念なことに、凡人は不断、自分の呼吸のリズムをあまり意識しないし、読むことがよもや生死にかかわるなどとは考えない。手間ひまのかかる読書など敬遠して、手軽に得られる情報の海で溺れてしまうことの方が多いのだ。こうして、本当は呼吸と同じように、一生涯を通じて必要で欠かせないはずのものが見失われてしまう。

マングェルの主張は明快だ。自分や自分の位置、自分の生きている社会をきちんとわかって生きているひとはいないということだ。生きるということは、自分がわかっていないことに気がついて、わかろうとつとめることだ。そのためには、どうしても読むことが必要になってくる。読むことを通じて、わからないですましていたことがわかってくる。読むことは何度でも繰り返されて、そのたびにあたらしい発見の喜びが生まれる。それに対して、生きることは繰り返しがきかないし、やり直しもできない。マングェルは、トルコの小説家オーハン・パムークの『白い城』から引用している。「『人生とは一回限りの馬車に乗るようなもので、終わってしまえば二度と再び乗ることはできない。しかしもし、あなたが書物を手にするならば、それがいかに複雑で難解なものであろうとも、それを読み終えた時、望むとあらば、最初に戻ったりもう一度読み直したりして、その難解だったところを理解し、それによって人生も同じく理解できるのだ』」（38頁）。何度も読み返すことで、読み手に変化が現れ、その変化は読み方にも現れ、こうして少しずつ理解が深まっていく。

マングェルが引用するカフカの書簡の一部は、本を読む経験のなかでおこりうることをずばりと指摘している。「『要するに私は、読者である我々を大いに刺激するような書物だけを読むべきだと思うのだ。我々の読んでいる本が、頭をぶん殴られた時のように我々を揺り動かし目覚めさせるものでないとしたら、一体全体、何でそんなものをわざわざ読む必要があるというのか？（中略）本当に必要なのは、ものすごく大変な痛々しいまでの不幸、自分以上に愛している人物の死のように我々を打ちのめす本、人間の住んでいる場所から遠く離れた森へ追放されて自殺する時のようなそんな気持ちを抱かせる本なのだ。書物とは、我々の内にある凍った海原を突き刺す斧でなければならないのだ、そう僕は信じている』」（111頁）。カフカが読書に期待しているのは著者との真剣勝負であり、圧倒的な敵の世界にうちのめされ、痛めつけられ、解体され、ぼろぼろにされる敗北の経験である。カフカの熱望したような、読書による魂の変質にこそ、絶望的で屈折した時間を生きる苦痛が伴うとしても、読む経験に生ずる劇的な一面が示されている。

リルケが読書に求めるものは、カフカとは違う。「『今私は作品のことを考えていません、書物を読み、これを再読反芻していく中で、少しずつ健康が回復しているように思います』」（290頁）。書くことに疲れきったときのリルケにとって、読書は癒しの効果をもっていた。読書に集中する静謐な時間のなかで、リルケの繊細な魂がこうむった傷は癒えていったのである。マングェルは言う。「リルケは、読書しながら、その書物をかつて読んだ人々のことを読み取ろうともしていた」（291頁）。リルケは、多様な読み方を試みることによって、読むことの経験に深さとひろがりを与えた詩人であった。

トマス・ア・ケンピスのことばが引用されている。「『これまで私は、あらゆる場所に幸福を見いだそうと努めてきたが、幸福感を味わえたのは、小さな書物を持ってどこかの小さな片隅にいる時だけである』」（174頁）。マングェルは、「小さな片隅」の例として、肘掛け椅子、地下鉄、バス、寝室、化粧室などをあげ、「『心地よく読書できるのは、化粧室の中であった』」（同頁）というヘンリー・ミラーのことばをあげている。この小部屋は、プルーストにとっては、「『一人、誰からも邪魔されずにやりたいこと、つまり読書したり、物思いに耽ったり、泣いたり官能的な喜びを感じたりする』場所」（同頁）であったという。本を読むのに広い場所はいらない。身ひとつを支える場所があれば、本は幸福な時間を運んでくる。

「禁じられた読書」では、パピルスの巻物の時代から現代にいたるまでの検閲者による焚書の歴史の断面が描かれている。紀元前411年に、アテネではプロタゴラスの著作が焼かれ、紀元前213年に、始皇帝は領土内のすべての書物を焼きつくそうとした。その後も戦乱に乗じた図書館破壊や、ローマ皇帝による発禁処分などが繰り返されている（307頁参照）。1933年、ゲッペルスは群集が喝采する焚書の場でこう演説したという。「『今晩、過去の猥雑なるもの全てをこの火にくべるがよい。今晩の焚書は、過去の精神がまさに死んだのだということを全世界に示す、実に力強く、偉大で象徴的な行為なのである』」（308頁）。書物にも受難の歴史が重なっているのだ。

マングェルには、『図書館　愛書家の楽園』（野中邦子訳、白水社、2008年）という本もある。「はしがき」のなかの一文が印象に残る。「愛の多くがそうであるように、図書館への愛も学ばなければ身につかない」（9頁）。「終わりに」のなかで、紙でできたなじみ深い世界やことばで組み立てられた意味のある宇宙としての図書館は、物語を読んでなにかを感じとり、詩や哲学を通して理解した内容を、体験や知識や記憶としてとどめる可能性を与えてくれるのだという彼の信念が語られている（293頁参照）。図書館とのつきあいを永続的なものにするためにも、ぜひじっくりと読んでほしい本だ。

デヴィッド・L・ユーリンの『それでも、読書をやめない理由』（井上里訳、柏書房、2012年）も、読書の醍醐味を語る一冊だ。ユーリンは、ロサンゼルス・タイムスの文芸批評を担当する記者である。彼は、「エピローグ」のおしまいをこう締めくくる。「わたしは腰を下ろす。静けさを呼び入れようとする。以前よりもそれは難しくなっている。だが、それでもなお、わたしは本を読むのだ」（193頁）。それ（読書）が難しくなった理由は、「日本語版によせて」の冒頭で語られる。携帯電話、Eメール、ブログ、ツイッターなどの絶え間ないざわめきや、過剰ネットワーク生活のせいで、本に集中できなくなったというのだ（194頁参照）。その状況を見つめなおす目的で本書が書かれた。「テクノロジーがもたらすノイズ」（同頁）に汚染された生活の反省と自己批判の書である。

アメリカの現実、自分の思春期の回想、15歳の息子との対話、脳科学の知見、作家論電子書籍の特徴などが自由に語られるが、もっとも興味深いのは第三章「もうひとつの時間、そして記憶」である。瞬時に現れて消えるネット情報を追いかける忙しい生活との対比で、生活のゆとりによって可能になる読書の意義が語られる。「読書は瞬間を身上とする生き方からわたしたちを引きもどし、わたしたちに本来的な時間を返してくれる。今という時の中だけで本を読むことはできない。本はいくつもの時間の中に存在するのだ。まず、わたしたちが本と向き合う直接的な時間経験がある。そして、物語が進行する時間がある。登場人物や作家にもそれぞれの人生の時間が進行している。誰しもが時間との独自の関係を背負っている」（103頁）。読書とは、自分の時間を生きるなかで、同時に物語の時間や、登場する人物の時間、出来事の時間を思考力や想像力を駆使して生きるドラマなのだ。本を読むことは、自分を読むこととも不可分な経験である。この種の経験には、感受する力と注意力、深く考える力が欠かせず、読むことを通じてこれらの力はさらに鍛えられる。

ユーリンは、電子書籍市場の拡大にともなう読書の運命、読者と作家との関係を問題視する一方で、「ディスプレイで読書をする人々をみるにつけ、そこはかとなく希望を抱いてしまう」（182頁）という。本を読むという行為のさまざまな可能性を見つめているのだ。

4月―2
人生という旅のガイドブック
―知的冒険への招待―

フランスの哲学者ジャンケレヴィッチは、われわれの一日、一日が、それぞれはじめて読む本なのだと述べた。読書においては、頁を繰るごとにあたらしい展開が待ちうける。同じように、毎日の生活も、日ごとにあたらしい一日として始まる。なにがおこるかわからないし、危険もつきものである。ある意味では、毎日が冒険なのだ。

冒険とは、危険や困難を予測しつつ、覚悟をもって生に立ち向かうことである。多種多様な出来事と格闘し、ときに翻弄され、苦痛をこうむりながら、成長する試練の時間を生きることでもある。

だが、一方で、ひとりの人間が実際に経験できることがらは限られている。だれもが疾風怒濤の冒険ができるわけではない。たいていの人間は、日常の瑣末なつみ重ねのなかで生きている。そこでわれわれは、自分の経験の貧しさを補うべく本に向かう。本のなかでは、日常では目にしない人間たちとの出会いが生まれる。めくるめく想像の世界に遊ぶことも、したたかな現実の世界の姿を知ることもできる。自分では体験しえないような異常な出来事、犯罪や悪、陰謀と抗争の渦まく世界にも入りこめる。それらは、われわれを鼓舞したり、動揺させたり、うちのめしたり、落ちこませたりする。その驚きや衝撃の連続が、思考力の強化や人間的な成長につながるのだ。

若者にとっては、昨日の経験を活かして、今日は昨日と違う自分をつくっていくこと、明日は今日の自分とは違う自分をめざすこと、そうした日々の姿勢と決意が成長にむすびつく。ニーチェは、脱皮しない蛇は死ぬと述べたが、大学生の場合でも、自分の狭さから脱けだす努力を怠れば、やがて人間的な魅力のとぼしい大人になってしまうだろう。

ここでジャンケレヴィッチの比喩に戻ってみよう。逆もまた真なのではないだろうか。われわれの読む一頁、一頁があたらしい人生経験なのだ。本がわれわれの人生を豊かにし、今度はその豊かさに裏うちされた読解力が本にあたらしい息吹きを吹きこむ。この幸福な相互作用が始まればしめたものだ。われわれの人生はその深さとひろがりを無限に増すだろう。

今回取りあげるのは、われわれの人生行路に具体的な指針を与えてくれる二冊の本である。

バルタサール・グラシアン『処世の知恵　賢く生きるための300の箴言』（東谷穎人訳、白水社、2011年）は、社会のなかで、自分や他人とつきあいながらどのように生きていくかに悩むひとには格好の書物である。バルタサール・グラシアン（1601～1658）は、スペインの修道士、思想家、作家であり、周囲の人間を観察し巧みに表現した。本書の原題は「神のお告げのマニュアル、および思慮分別のわざ」くらいの意味である。本書は1647年に出版され、1684年から87年にかけて、仏訳、英訳、ドイツ語訳が出ている。プルタルコス、キケロ、セネカなどのギリシア・ローマの古典に親しんで書かれた本書は、のちにフランスやドイツのモラリスト（人間観察家）に強い影響をもたらした。帯には、「これほど見事に、かつ精細に人間道徳の機微を明らかにした作品は、今に至るまで、ヨーロッパでは生まれていない」というニーチェの言葉が引かれている。訳者は「あとがき」で、「本書は決して高邁なキリスト教的精神にもとづき人の道を説く堅苦しい精神書などではなく、むしろ抜かりなく世間を渡り歩くための実践哲学を説いた実用書と考えるべきであろう」（240頁）と述べている。

路上の交通標識はわれわれの進む方向を指示してくれるが、人生行路には、それに該当するものがない。したがって、世間で生きていくためには、生き方にふさわしい原理、原則を自分で発見していかなければならない。だれにもひとしくあてはまるようなルールはそれほど多くはない。自分に固有なルールをいかにうまく見つけるかが重要になる。

グラシアンの人間観察は、大別すれば、愚人と賢人の二分法にいきつく。箴言201でこう書かれる。「愚者が世界を席捲してしまった。（中略）全世界が愚か者であふれかえっているというのに、自分もそのうちの一人だと考える人はいないし、ひょっとしたら自分は愚か者かも、と考える兆しさえ見えないのである」（156頁）。箴言168では、愚物という名の妖怪について具体例が示される。「この妖怪とは、見栄坊、高慢ちき、石あたま、気まぐれ屋、喧し屋、変物、出しゃばり屋、おどけ者、新しがり屋、お調子者、お天気屋などなど、無分別な言動で人を惑わせる多種多様の輩どもであり、彼らはすべて横柄さを旨とする妖怪である」（132頁）。妖怪は、自分のことは棚にあげて、まわりは阿呆ばかりとうそぶき、思慮を欠いた言動でみなを困らせる。愚者には、なによりも自分の無知を知る力が欠けているのだ。「自分の無知に気づかない人は多い。また一方、何も知らないくせに、自分は物事を知っていると思っている者もいる。馬鹿という病は救いようがないのだ。無知な連中は、当然自分という人間のことさえ分かっていないから、自分に欠けているものを補おうともしない」（138頁）。賢者は、自分の欠点の修正に努力するが、うぬぼれて馬鹿の病にかかった愚者は、無知の闇につつまれたまま悲劇へと向かう。「愚者たちは、そもそも熟慮などしないから、例外なく身を滅ぼしてしまう。人の半分さえも物事を考えることをせず、利害得失の計算すらできないから、自分から真面目に努力することもない。さして重要でもないことに大いに気を遣い、重要事項はほとんど意に介せずという調子で、いつも物事を逆に考えてしまう」（33頁）。昔もいまも、愚者はいたるところにいる。不要なことに多くの時間をとられて、本当に大切なことができなくなるという事態は、些末な情報が氾濫する今日、ますます深刻化しているようだ。

グラシアンが、愚者への道に対抗して説くのが賢者への道である。後者は、無思慮、傲慢、無知から距離をとることによって開けてくる。愚者への道は広いが、賢者への道は狭く、ときに険しい。この道を歩むために必要なものは、「自分を知ること」である。「自分の性格、知力、判断力、感情の動きなどを熟知しておくこと。人はまず自分自身を正確に理解しないことには、自分の主とはなれない。顔を映すには鏡があるものの、心を映すものは存在しない。ならば、自分自身についての謙虚な省察が、その鏡となるようにしなければならない」（72～73頁）。鏡では見えない自分の心を、省察という鏡に映して観えるようにすることは容易ではない。自分の心の醜い姿を直視するよりも、他人の欠点をあげつらう方が簡単だ。自分が自分自身の主人になるよりも、他人を自分の奴隷にすることの方がはるかに易しく、また心をそそられることでもある。しかし、そうなると、愚者への道をまっしぐらである。

箴言151のアドヴァイスがすばらしい。「今日にあっては、明日、さらには何日も先の見通しを立てること。最高の運とは、思索にゆっくり時間を当てることから生まれる。危機に備える者は逆運に苦しむことはなく、先を見通した者は難局に苦しめられることもない。危急の状況に陥るまで、思考作業を後回しにしておくようなことをしてはならない。予め備えるのだ。修羅場を迎える前に熟慮を繰り返し、それに備えるように。（中略）人生の方向を正しく見極めるためには、一生をとおして思考をつづけていかねばならない。熟考と先見性が、たしかな見通しのある人生を可能にしてくれる」（117頁）。愚者は目先のことばかりに気をとられて、先を読んで生きない。愚者は、困難なことや、手間ひまのかかることを避けて、簡単にできることしかしない。その結果、修羅場に落ちて苦しむことになる。そうした不幸な状況を回避するためには、よく考え、先を見通して生きることが大切だ。むずかしいことには違いないが……。

学生生活において重要になるのは、自分自身や他人との出会いの経験である。その経験を中身の濃いものにするためには、自分に対する態度を反省したり、他人の言動を観察して人間関係の諸相を考えたりすることが欠かせない。箴言には、人間関係をよりよいものにするヒントが豊富だ。「自分の輝きを失わせるような相手と連れだってはならない」（119頁）、「愚者たちを我慢することを学べ」（125頁）、「人とのつきあいにおいては、ガラスのような人間であってはならない」（135頁）、「他人への褒め言葉を話題とせよ」（146頁）「いつも鳩のように振る舞えばいいというものではない」（188頁）等々。

本書の要諦はつぎの文章につくされている。「徳性はすべての才能を束ねる鎖であり、人の幸福の中核をなす要素である。徳性の働きがあれば、思慮深さ、控えめな態度、明敏な頭脳、分別、賢明さ、勇気、落ち着きのある態度、高潔さ、幸福、声望、誠実さなどなど、これらすべての要件を備えた人間をつくりあげることができ、万人に認められる大人物が生まれる」（230頁）。本書は、徳性の涵養に重きをおく一種の道徳論であるが、生身の人間の行動を照射した卓見にみちている。数々の生きるヒントが得られることは間違いないだろう。

アンドレ・モーロワ『人生をよりよく生きる技術』（中山真彦訳、講談社学術文庫、1990年）も、青年時代にぜひ読んでほしい本である。アンドレ・モーロワ（1885〜1967）はアランのもとで学び、強い影響を受けた。小説家、伝記作家、エッセイストとして、幅広い文筆活動を続けた。この本は、フランスがドイツに占領される一年前（1939年）に出版された。深刻な国家的な危機を前にして、どう生きるべきかが問われている。

Ｉ考える技術、Ⅱ愛する技術、Ⅲ働く技術、Ⅳ人を指揮する技術、Ｖ年をとる技術のあとに、「ある何人かの青年に寄せる手紙」が加えられている。Ｉでは、体で考えることと、言葉で考えることの違い、論理と推論、実験の特徴、思考と行動などが話題になっている。Ⅱからは次の一文を引用しよう。「人間の恋愛の不思議は、欲望という単純な本能の上に、このうえなく複雑でこのうえなくデリケートな、愛情の構築物を築き上げたことである」（55頁）。Ⅲには、読書の規則が五つあげてある。（1）これぞと思う少数の作家の本を読みこむ、（2）古今の名作を読む、（3）自分にあったものを読む、（4）落ちついてひきしまった雰囲気のなかで読む、（5）自分自身を名作の読書にふさわしいものにする（133〜136頁参照）。（5）は少しわかりにくいが、「蟹は甲羅に似せて穴を掘る」という諺を思いおこしてほしい。自分の読む力に応じてしか名作は理解できないので、日ごろから読書力を鍛えて名作を深く読みこむことが重要だということだ。そのためには、読む技術も欠かせない。「まさに読書の技術とは、大部分、本の中に人生を見、本をとおしてそれをよりよく理解する技術である」（136頁）。

「ある何人かの青年に寄せる手紙」には、モーロワが青年に寄せる思いが率直にしるされている。手紙はこう始まる。「君たちは困難な時代に人生の始まりを迎えている。歴史の中には、いかなる弱い泳ぎ手をも成功にまで押し上げてくれた満潮の時代もあった。しかし君たちの世代は、荒れた海を、波に逆らって泳ぐ。それはつらいことだ。最初のうちは、息が切れるかもしれぬ。とても向こう岸にはたどり着けない、と思うかもしれぬ。だが安心していい。君たちの前にも、同じように高い波に出くわした人びとがいたが、波に呑まれたりはしなかった。腕をふるい、勇気を出せば、つぎのなぎまで持ちこたえることができる」（248〜249頁）。おしまいでこう語りかける。「愛すること、思考すること、働くこと、指揮をすること、そういったことはみな難しいものであるから、そのうちどれひとつとして、思春期に夢みたようにうまく成しとげることができないまま、ついにこの世を去るということもあろう。しかしまた、いかにそれらが難しく思えても、不可能でないことは確かだ」（251〜252頁）。「困難なことに挑戦しよう」、それがモーロワの青年への期待のメッセージである。知的冒険のすすめでもある。

5月—1

サッカー選手の哲学

——長谷部・長友・中澤はこう考える——

スポーツの根幹は身体の運動にある。しかし、身体をどう動かすかは、身体に聞いても教えてくれない。それを決めるのは、選手の考える力である。身体をうまく動かすためには、思考による導きが必要になるのだ。すぐれた選手には、身体と思考との対話があり、この対話がプレーの質を高めることにつながっている。瞬発力は身体の領分だが、どの方向にどの速さで動くかを決めるのは、とっさの判断力であり、状況を読む察知力である。両者の融合が巧みなプレーを支える。今回は、サッカーの現役選手が書いた本を三冊紹介しよう。

長谷部誠の『心を整える　勝利をたぐり寄せるための56の習慣』（幻冬舎、２０１１年）は、自分のサッカー選手としての基本が「心を整えること」にあるとする長谷部の哲学を語った本である。忙しい生活にせかされて心が荒んでいくことにブレーキをかけ、自分の心を見つめる時間をもつことの大切さを説いている。「心を整えること」を重視する理由は、こう語られている。「僕自身、自分が未熟で弱い人間だと認識しているからです」（２３２頁）。長谷部は、チーム練習や試合の後の孤独な振り返りの時間のなかで、マイナス発言をし、恨みごとを口にする自分の弱い傾向を反省している。選手間のよりよいコミュニケーションのあり方についても考えている。

第五章「脳に刻む」は、読書論だ。「読書は自分の考えを進化させてくれる」（１１８頁）。プロになってから本を読むきっかけとなったのは、先輩が移動中に本を読む姿をカッコいいと思ったからだそうだ（同頁参照）。本田圭佑も移動のときにはよく本を読むという。長谷部は、デール・カーネギーの『人を動かす』を読んでから、サッカーや人生について深く考える時間が増えたと述べる。

長谷部はまた、読書ノートをつけるというすばらしい習慣をもっている。大学ノートに印象的なフレーズを書き写し、自分が感じたことや考えたことを書きこむという（125〜130頁参照）。読みっぱなしにせず、書くことを通じて自分と対話するのも「心を整えること」にむすびついている。

この本には、サッカーをしている人にも、そうでない人にも有益なヒントがつまっている。夜の時間をマネージメントするために、リラクゼーション音楽を流す、お香を焚く、就寝直前にアロマオイルを首筋につける、特製ドリンクを飲むといった具体的な例は、ストレスの多い生活を送る現代人にはとくに役立つだろう（138〜140頁参照）。そのほか、戦いが生活の組織化から始まることを示す興味深いエピソードもたくさん書かれている。

長友佑都の『日本男児』（ポプラ社、2011年）も生活のヒントが満載の書である。長友も、ストレッチをしながら、10年かけて鍛え続けた筋肉と会話し、一日を振り返って自分自身を見つめなおす時間を過ごすという（2頁参照）。この時間のなかで、目標と現在の自分との距離測定や、自分の弱点や強さの確認、現状の認識が可能になる。「ストレッチをしながら、等身大の自分を知る。心の重要性を知った今は、どんなときも見直すべきは心だと改めて感じている」（3頁）。長谷部と共通の視点だ。

第二章「一期一会」では、自分から積極的になにかを変えようとせず、すべてを他人のせいにしてすましていた中学生時代の過去が語られる。「これはな、心のノートやけん。なにを書いてもいいけん。とにかく毎日書いてこい」（42頁）、そう言って先生から配られたノートが変身のきっかけにもなったようだ。面倒くさいと思っていたノート書きだったが、先生の熱いメッセージが書き加えられて返ってきて刺激をうけるうちに、やがてそれが面白い作業へと変わっていく。「真っ白なノートを前にして、今日一日にあったことを振り返る。なにが起き、どんな行動をし、そしてどういう風に感じたのか？頭の中であれこれ考えると、その瞬間には自覚していなかったさまざまな自分の感情に気づくことが出来る」（44頁）。「ノートの上に記された僕の感情を文字として読むことで客観的に自分を見つめることが出来た」（同頁）。長友はまた、ほめて育てるタイプの先生から、逆に自分のダメなところを見つけておぎなう練習の重要さを知り、成長の手がかりをつかむことを学んだ。

中学時代の駅伝は、長友に努力の必要と成長について教えた。「夢や目標を叶えることが、必ずしも成功ではないと僕は考えている。大切なのは叶えるために日々努力すること。現在の自分に満足せず、なにが足りないのかを探し、それを伸ばすトレーニングをする。そのプロセスが一番大事だと思い、僕は生きている。目に見える成果が出なくても、やったぶんだけ、人は成長する。夢が実現しなくても、努力したあとには、成長した自分が待っている」（61頁）。

長友のキーワードは「成長」だ。自分の未熟さや欠点を知り、それらを修正する試みを続け、他方で「自分の未来像、なりたい自分像」（155頁）を常に意識して、その像に近づくための努力を惜しまないこと、そうした成長につながる積極的な姿勢が今日のイタリアでの活躍を支えている。

中澤佑二の『自分を動かす言葉』（KKベストセラーズ、2013年）は、ことばこそが生きる力になる、ことばは成長の原動力だと考えるにいたった中澤の哲学を伝える一冊だ。「はじめに」で、ことばとの出会いによってサッカーがうまくなるわけはないが、ことばには心を強くし、背中を押してくれる力があると語られる（4〜5頁参照）。この本で、中澤は、数々のことばを学び、考え、行動し、サッカー選手として生きてきた軌跡を振り返っている。

しかし、中澤は最初からことばの重要性に気づいていたわけではない。彼は20代前半の頃は典型的な「活字音痴」で、読むものはせいぜい『少年ジャンプ』『ヤングマガジン』どまり、小説などもほとんど読まなかったという（59頁参照）。20代後半になって、彼は自分の教養のなさ、自己表現力の貧しさに気づく。自分の伝えたいことをことばにできないもどかしさ。「このままでは、人の上には立てない——」（同頁）という危機感がめばえ、ことばへの意識が高まる。さらに、幅広い知識をもち、巧みな表現を駆使してサッカーを指導するイビチャ・オシム監督との出会いが、中澤を本へとひきつけた。

活字音痴の中澤が本屋に行く。しかし、どんな本を読んだらいいのかわからない。なにがいい本なのかも見当がつかない。目につく本を適当に手にとって立ち読みするしかない。「その立ち読みでどれだけのめり込めるかを自分の判断基準にした。今だから言えるけど、最初はほとんど立ち読みで、なかなかレジに持って行くまでいかなかった」(60頁)。何冊もの本との間で、ためらいがちなやりとりが続く。「そうやって徐々に言葉へのコンプレックスを除いていき、本を購入するようになっていった。すると、少しずつだけど、自分が成長していくことを実感できるようになってきた」(同頁)。中澤は、ことばを知ることによって、自分の過去、現在、未来が一本の線となってつながり、視野も格段に広がってくるのだという画期的な発見をするのだ(61頁参照)。

「常にことばを意識して生きるということが人間の成長や前進にむすびつく」というのが、この本の中心的なメッセージのひとつである。そのほかにも、中澤が心の糧としているマジック・ジョンソン、釈迦、アメリカの女性詩人エラ・ウィーラー・ウィルコックスなどのことばが引用されている。いずれも、ことばが生きる力になることを伝えるものである。

何度も修羅場をくぐりぬけたスポーツ選手の発言には、ほかにはない説得力とインパクトがある。それはスポーツという特殊な世界を超えて、読者に生きる指針を示してくれる。

5月—2
オリンピック・パラリンピック
——苦悩を通して歓喜へ——

オリンピックとパラリンピックの大会が終わった。勝者には、過去の過酷な練習や重圧が歓喜に変わる瞬間がおとずれ、敗者には、彼我の実力差の認識や、おのれの限界を苦い思いでかみしめる時間がつづく。勝者には授賞式の晴れの舞台が用意され、敗者は肩を落として退場する。記録や得点などによってはっきりと明暗が別れる過酷な世界である。しかし、参加してベストをつくすことにこそ意義があるという本来の趣旨にのっとれば、勝敗、順位に関係なく、全力で競技したすべてのプレイヤーこそ賞讃にあたいするだろう。彼らのプレイが与える感動こそが大会のもっとも美しい果実である。

長野オリンピックでのスピードスケート500mの金メダリスト、清水宏保の『プレッシャーを味方にする心の持ち方』（扶桑社、2011年）は、オリンピックでの戦いを軸にして、その前後の経験を語ったものである。清水は「前書き」で、幼少の頃から重い喘息に苦しみ、プレッシャーにも弱く、しかも、162センチという、大男揃いのスピードスケートの世界で戦うにはあまりにもハンデとなる身長しかなかった、と述べている（3頁参照）。指導者は、選手としては絶対に大成しないと宣告していたようだ（16〜17頁参照）。にもかかわらず、そうした弱点を克服して金メダルを獲得できた背景には、自分自身を客観的に捉える力があったからだと清水は自己分析している（4頁参照）。「私は〝もう一人の自分〟との二人三脚で、オリンピックやワールドカップなどを戦い抜いてきたとも言えるのです」（5頁）。自分がもうひとりの自分を見つめる戦いのなかで清水が学んだもの、それが本書のタイトルにもなっている「プレッシャーを味方にする心の持ち方」である。

清水は、長野オリンピックの二年半前に出場の内定を得た。その後、金メダル期待への重圧や、メダルをとれなかった場合の恐怖や不安で、精神的にも変調をきたすが、プレッシャーにうち勝つ工夫を重ねる日々のなかで、ひとつの転換が生じた。プレッシャーをまるごと受けいれてしまうという態度への切り替えである。「プレッシャーやトラブルには、必ず何らかの意味や原因があり、そこから学ぶべきことは多いはずです。ですからプレッシャーは避けるだけではなく、プレッシャーを受け止め、それを上手に処理していくことも大切なのです」（73頁）。

プレッシャーに向きあうという態度変更を通じて、清水の「もう一人の自分」との二人三脚の経験がいかされた。世界新記録を生んだレースの描写に、その状況が活写されている。「号砲とともに飛び出すと、出だしは最高。心はリラックスしているのに体は集中していて、体の筋肉や細部までの動きがはっきり捉えられる。１００メートルは、これまでに出したことのないほどの好タイムで通過。すると急にエンジンがかかって、体が凄いスピードで飛んでいくような感覚に。そのままゴール！」（76頁）。

自分の体との対話を極限まで生きぬいたアスリートの新鮮な語り口は興味深い。「神経が研ぎ澄まされた感じ」＝「一点に集中しているのだけれど、全体が見えている……という感じ」（80頁参照）とか、

「自分の体を『意識のペン』でなぞる」（91頁）、「『見えない部分』を鍛えると身体能力が上がる」（127頁）、「指先を触ると体のバランスが良くなる」（128頁）など、経験にもとづくアドヴァイスには驚くばかりだ。

重圧の経験の渦中に身をおくことは、一回り大きくなるために必要な試練である。この本には、アスリートの領域を超えて、プレッシャーを飛躍と成長へのばねとするためのヒントが書かれている。読んで参考にしてほしい。

田村明子『銀盤の軌跡　フィギュアスケート日本　ソチ五輪への道』（新潮社、2014年）は、フィギュア取材歴20年のヴェテラン・ジャーナリストが内外の選手や関係者と対話してまとめた記録である。プロローグ「震災、東京そしてモスクワ」とエピローグ「ソチ五輪への道」の間に全部で10章がおかれている。日本の代表選手のほかに、コストナー、キム・ヨナ、パトリック・チャン、振付師ニコルなどに照明があてられている。

フィギュアスケートは、滑りの技術と音楽に調和した舞の華麗さを表現するスポーツである。観衆の視線が集中するなかで、滑るのはひとりだが、その背後にはコーチ、トレーナー、家族や友人、選曲や振付にかかわった人々などの支えがある。数分間の演技には、そこにいたるまでの共同の経験が凝縮し、かたちとなって現れる。演技が感動を呼ぶのは、その長い経験の歴史が目の前で見事に開花するさまを目にするからである。それぞれの演技は、それぞれの人間の個性と歴史をまざまざと表現する。挫折や葛藤と苦悩、忍耐と自制、演技の喜び、プレッシャーとの戦いといった要素を含む経験の質が本番の演技につながるのである。

この本には、心に残ることばがある。いくつか列挙してみよう。浅田真央の今は亡き母の残したことば。「フィギュアスケートは、勝った、負けたではないと思うんです。その人の生きざまをどう氷の上で見せるか。それがフィギュアスケートではないですか」（42頁）。思春期に拒食症で体調を崩し、一時は復帰も危ぶまれたという鈴木明子のスケート観。「この病気は絶対に再発しないとは言い切れないけれど、今の私を見て、諦めなくてもいいんだと思ってくれる人が一人でもいたなら、私もスケートを続けてきた意味があると思います」（51頁）。優勝後のコストナーの発言。「ジャッジだけではなく、観客にも、自分がどれほどスケートを愛しているのか、滑ることがどれほどの喜びを私に与えてくれるのかを、演技を通して伝えたいと思って滑りました。夢がかなって嬉しくて言葉に表すことができません」（54頁）。演技失敗後の小塚崇彦のコメント。「自分では調子が悪かったという自覚はなく、体はよく動いていました。それにおごって集中しなかったというわけでもない。どちらかというとよい集中ができていたと思う。だから（ここでの結果は）不思議なんですよね……」（119頁）。羽生結弦の取材を受けての発言。「こうやって取材してもらっていろんなことを話すことによって、自分の課題とかが言葉として明確に出てくる。それを見て改めて自分はこういうことを考えていたのか、と思い出すことができるんです」（142頁）。ソチ五輪を前にして浅田が語った決意。「バンクーバーのときも自分は金メダルを目指してやってきたんですけど、ミスで銀メダルになってしまいました。終わったときは自分のミスが悔しかったので、ソチ五輪でもメダルは大事ですが、まずは自分が目指す最高の演技をすることを心掛けたいと思います」（205頁）。

田村は、この本をこう締めくくっている。「願わくば万全の体調で臨み、『これが浅田真央だ』という演技を世界に見せて欲しいと思う」（206頁）。浅田は、SPの大失敗から短時間で立ちあがり、最高の圧巻の演技を見せた。オリンピックの意義が「感動」にあることを示す約4分間の歴史に残る舞であった。

6月—1

学ぶことと知の豊饒

——山口昌男／レヴィ＝ストロース／クリフォード・ギアーツ——

山口昌男『学問の春 〈知と遊び〉の10講義』(平凡社、2009年)は、1997年に札幌大学で行われた講義がもとになっている。タイトルがいい。ヨハン・ホイジンガ(オランダ語の発音表記とは異なる)の『中世の秋』が意識されているのだろうが、「学問の夏」や「学問の冬」ではぴんとこない。知の喜びの沸騰が予感されるような、明るい響きのするタイトルだ。年間13回の比較文化学講義が10回に編集され、編者による懇切丁寧な「講義ノート」がついている。山口の博識が随所にちりばめられ、笑いとユーモアと知的な刺激にみちた名講義である。『ホモ・ルーデンス』の読解が軸となり、関連する話題が四方八方へとのびていき、学ぶことの楽しさ、面白さにひきずりこまれていく。

第一講「『ホモ・ルーデンス』に出会う旅」は、インドネシアでのフィールド・ワークの話が大半をしめるが、中心的テーマは古代における交唱歌についてである。編者は「講義ノート」で、若き山口の論文「未開社会における歌謡」のなかの一文を紹介している。「近代詩は共同体的感情の紐帯から切り離されるか、基盤としてその様なものを失った個人の魂の叫びとも言い得るならば、未開社会の歌謡=詩は、共同体を媒介として過去と現在の交錯のうちに広がる感情の母胎である」(31頁)。編者は、ここにその後の山口の長い探究の萌芽を見いだしている。

第二講「まなび あそび」は、大学論から始まる。「大学という場所について考えてみると、これからの大学は要するに知的にやる気のある学生と先生とが出会う場所になるべきであって、制度的にただそこにいて試験で点をとって就職するというような形骸化された通過儀礼の場としては、もはや存在しなくてもいい」（34頁）。各大学の枠を超えて知のネットワークをつくるという構想は、それを体現していたヨーロッパ中世の詩人、フランソワ・ヴィヨンの話へと続く。かつては、各地を放浪する学者につき従って学ぶ放浪学生がいたという話だ。

ライデン学派の紹介、インドネシアのブル島の儀礼的交唱歌「インガ・フカ」の特徴分析、『万葉集』や『常陸国風土記』に出てくる歌垣との類縁性、ナンセンスと子供の遊びなどに関する自在な語りが続いて、第二講が終わる。

第七講「文化は危機に直面する技術」は、とくに熱のこもった講義である。危機はこう定義される。「一貫性や体系性を備えているようなふりをしている組織や制度が、潜在的にすでに抱えている危機が表面化することなんです」（176頁）。山口によれば、制度的な危機だけでなく、青年期にある多くの大学生が抱えこむ危機もある（同頁参照）。「文化はそういう危機に直面することを助ける、まあ制度とはいわない、もっと広い創造的な仕掛けであるということができる」（同頁）。危機に対抗する文化の創造は、現代において緊急の課題となっている。

第十講「クラ――神話的航海」の講義ノートで、編者はこう締めくくっている。「山口昌男の学問にとって『失われた世界の復権』とは、春の草花の芽生えのようにその思考の『いま』にいつもかならず回帰する、永遠に瑞々しい終わりなき問いかけなのである」（277頁）。

レヴィ＝ストロース『神話と意味』（大橋保夫訳、みすず書房、１９９６年）は、カナダのＣＢＣラジオで放送された五回の講話を編集したものだが、放送のもとになっているのは、ＣＢＣパリ支局のプロデューサーとの対談である。シカゴ大学のウェンディ・ドニジャーは、「序」のおしまいでこう述べている。「レヴィ＝ストロースの名をはじめて聞いたばかりの人が、片足で立って、結局レヴィ＝ストロースとはどんな人なのか説明してくれと頼んできたら、私は『神話と意味』を取って朗読しはじめるであろう」（xiv）。

「まえおき」で興味深いことが語られている。「私というものは、何かが起きる場所のように私自身には思えますが、『私が』どうするとか『私を』こうするとかいうことはありません。私たちの各自が、ものごとの起こる交叉点のようなものです。交叉点とはまったく受身の性質のもので、何かがそこに起こるだけです」（２頁）。主体の姿勢を強調したサルトルへのあてつけのようにも見える。「哲学から逃げ出したかった」（14頁）レヴィ＝ストロースの本音がかいま見られる。

講話は、「神話と科学の出会い」「〝未開〟思考と〝文明〟心性」「兎唇と双生児――ある神話の裂け目」「神話が歴史になるとき」「神話と音楽」からなっている。神話的思考の特徴や、神話研究の意義や方法が平明に語られている。それぞれの冒頭には、レヴィ＝ストロースの著作や意図に関する「質問」がおかれ、それに答えるかたちで話が進んでいるので、彼の本に親しんできた者にも、そうでない者にも得るものは多い。

第二講では、『今日のトーテミスム』と『野生の思考』の意図がこう説明されている。「私たちがふつう考えるところでは、非常に厳しい物質条件のもとにあって、飢えずにかろうじて生きつづけるための必要事にまったく支配されているような民族が、実は完全に実用性を脱した思考をなしうる、ということです」(22頁)。レヴィ＝ストロースによれば、野生の思考の特徴は、可能な限り最短の手段で宇宙の一般的理解と全的な理解をめざす点にある(23頁参照)。この講のおしまいは、きわめて示唆にとむ発言で締めくくられている。「人間の心のなかに起きることが基本的生命現象と根本的に異なるものではないと考えるようになれば、そしてまた、人間と他のすべての生物――動物だけでなく植物も含めて――とのあいだに、のりこえられないような断絶はないのだと感ずるようになれば、そのときにはおそらく、私たちの予期以上の、高い叡智に到達することができるでしょう」(32〜33頁)。

第五講では、神話と音楽の類似性が興味深く語られている。「神話は、多かれ少なかれ、オーケストラの総譜と同じような読み方をしなければなりません。(中略) つまり、左から右へ読むだけでなくて、同時に垂直に、上から下にも読まねばならないのです」(63頁)。神話の意味の理解のために必要な読み方が、楽譜の読みと関連づけて、絶妙な仕方で示されている。作曲家か、オーケストラの指揮者になることを夢みていた少年の経験が反響している。

『神話と意味』は、自叙伝的な性格の強い『悲しき熱帯』上・下(川田順造訳、中央公論社、１９７７年)、理論的な著作である『野生の思考』(大橋保夫訳、みすず書房、１９７６年)『構造人類学』(荒川幾男他訳、みすず書房、1972年）などへの格好の道案内である。レヴィ＝ストロースが90代後半に書いた『みるきく　よむ』（竹内信夫訳、みすず書房、2005年）もおすすめの一冊である。

クリフォード・ギアーツ『文化の読み方／書き方』（森泉弘次訳、岩波書店、2012年）の大半は、1983年に行われたスタンフォード大学での講義がもとになっている。原題は、「著作と生涯―著作家としての文化人類学者」である。本書は、「人類学者はどのように書くか」（viii頁）という、通常は人類学上の議論ではとりあげられない「文学的」な問題に焦点をあてて（同頁参照）、民族誌学的な記述の意義や妥当性を反省論的な観点から検討したものである。レヴィ＝ストロース、エヴァンス＝プリッチャード、マリノフスキー、ベネディクトという4人の書いた民族誌学的著作がターゲットである。ギアーツは、彼らが特定の民族とその文化とどのようにかかわり、なにを学び、どのように記述しているのかを丹念に検討し、民族の調査・研究における歴史的背景、距離設定、観察、記述などに伴う諸問題を批判的に考察している。しかし、彼らへの批判は自分が書いたものへの自己批判にもつながり、それがギアーツの文章に深い翳りを与えている。

文化の読み方や考え方、書き方に関心のある人にはおすすめの一冊である。けっしてすらすらとは読めないが、読んで考えるにあたいする本である。

6月—2

古典の森を散策してみよう（1）

——戦場のマルクス・アウレーリウス——

マルクス・アウレーリウス（１２１〜１８０）は、ローマ皇帝として敵の侵入阻止や叛乱の平定などに奔走するかたわら、わずかな時間を見つけては書きとめたものを残した。それがのちに、『自省録』（神谷美恵子訳、岩波文庫、１９９３年、第51版）として編集され、読みつがれてきた。私的なノートが本にまとめられるまでの詳細な過程は不明である。『自省録』は、「自分自身に」とつけられた標題からもわかるように、彼が自分自身を相手にして語りかけたものであり、他人に読まれることをほとんど期待していない。それだけに、率直で、飾り気のない、自分自身との内面的な対話の記録である。アウレーリウスの自己への問いかけ、自己批判、自己叱責、自己への叱咤が主旋律を形成している。鮮烈な印象を与える数々のことばには生き生きとした力がこもり、心に響いてくる。『自省録』は、いまも多くの読者をひきつけ、人間の生と死、人間関係、人間の運命について考える者に最良の導き手となっている。

リドリー・スコット監督の映画「グラディエーター」（２０００年）の前半で、戦場で指揮を取る一方で、空いた時間に私室で書を読み思索にふけり、ペンを走らせるアウレーリウスが登場する。この映画の成功によって、あらたに英訳された『自省録』は異例の売れ行きを示したという。

アウレーリウスは、部下と危機をともにする戦争の時間と、ひとりで部屋にこもって過ごす思索の時間を生きた。人は過去を振り捨てることはできない。幼少期からの文学、音楽、舞踏、絵画、哲学などの学びが、後年の生活の思索的な骨格を築いた。彼の思索は、死と背中合わせの戦地で深められた。

『自省録』の第一章は回想録であるが、北方からの敵の侵入を阻止するためにダニューブ河畔に遠征し、陣地を構えての長きにわたる戦争のさなかに書かれた。同河畔の近くで書かれた第二章には、利己的な衝動にあやつられることなく、理性的な存在として生きて、死にたいというアウレーリウスの願望が書きとめられている（21頁参照）。また、自分が欠点が多く、過ちを冒しやすい存在であるがゆえに、自分に対する警戒心を失わずに注意深く生きたいという願望も書かれている。それは、たとえばつぎのような文面に現れている。

他人の魂の中に何が起っているか気をつけていないからといって、そのために不幸になる人はそうたやすく見られるものではない。しかし自分自身の魂のうごきを注意深く見守っていない人は必ず不幸になる。（23頁）

そうだろうか。たしかに、他人の心のなかに関心をもたないでいても、無関心な時間が過ぎていくだけで、そのせいで不幸になることはないだろう。しかし、人間の魂にはゆがんで崩れたり、深く根をはる我執によって悪へと向かう傾向が強いために、よく注意していないとその傾向に引きずられてしまいかねないことは否定できない。その先にある種の不幸な事態が出現すると仮定すれば、アウレーリウスの断定にも一理あると見なしてよいだろう。

彼は、人間の魂が自己を損なう例をいくつかあげて、魂を裸にしている。その例として、他人への嫌悪感をいだくこと、他人に対して暴力的なふるまいをすること、快楽や苦痛にうち負かされること、仮面をかぶって不正直な発言や行動をすること、目的意識をもたず、でたらめなことをして過ごすことなどが挙げられている（27頁参照）。こうした傾向が過剰なために、個人においても、相互の人間関係においても、損傷がたえない。それを少なくするためには、「魂の動きを注意深く見守る姿勢」が必要となるのだろう。

第三章でも、「魂への注意」との関連でこうしるされている。「突然ひとに『今君はなにを考えているのか』と尋ねられても、即座に正直にこれこれと答えることが出来るような、そんなことのみ考えるよう自分を習慣づけなくてはならない」（32頁）。自分がなにを考えているのかを意識しながら生きることはできそうでできない。今考えていることをひとにきちんと語ることも簡単ではない。心のなかでは、ひとには語れないようなこと、ひとに語れば赤面せざるをえないようなことが現れてはさっていく。その流れに掉さして、考えを組織化することの大切さが強調されている。他人がなにを言い、なにをしているかに気をつかうのではなく、自分が思考のレヴェルでどの位置にあるかを配慮して生きることが望ましいということだ。

アウレーリウスは、自己の魂にすくう悪と存在の有限性を意識しつつ、善を希求してこう書きとめた。

あたかも一万年も生きるかのように行動するな。不可避のものが君の上にかかっている。生きているうちに、許されている間に、善き人たれ。（48頁）

隣人がなにをいい、なにをおこない、なにを考えているかを覗き見ず、自分自身のなすことのみに注目し、それが正しく、敬虔であるように慮る者は、なんと多くの余暇を獲ることであろう。［他人の腹黒さに眼を注ぐのは善き人にふさわしいことではない。］目標に向ってまっしぐらに走り、わき見するな。（同頁）

自分の内を見よ。内にこそ善の泉があり、この泉は君がたえず掘り下げさえすれば、たえず湧き出るであろう。（116頁）

まわりのひとのことばかりを気にして、みんながしていることしかしないと、周りのペースに引きずられ、追いたてられ、忙しくなる反面、自分がすべきことが見失われ、目標も見えなくなる。アウレーリウスが自己に向ける批判は、多忙な生活に翻弄されるわれわれ現代人にも向けられている。

アウレーリウスの考え方の特色や、彼の生涯とその時代、本の歴史的背景などについて幅広く知りたいと思うひとには荻野弘之の『マルクス・アウレリウス『自省録』精神の城塞』（岩波書店、２００９年）がおすすめである。「書物誕生　あたらしい古典入門」シリーズの一冊である。研究の蓄積が明快な文章に結実している好著である。荻野は、エピローグで、アウレーリウスの森羅万象につながりを見てとる卓見を引用している。「いかにすべてがすべて生起することの共通の原因となるか、またいかにすべてのものが共に組み合わされ、織り合わされているか、こういうことを常に心に思い浮かべよ」（204頁）。

ミシェル・フーコー『性の歴史Ⅲ　自己への配慮』（田村俶訳、新潮社、1987年）の第二章「自己の陶冶」では、アウレーリウスやセネカ、エピクテトスといったストア派の人物たちの特徴が「自己への配慮」という観点から詳細に記述されている。「自己への配慮」が個人的実践のみならず、社会的実践としても把握されている点に、この章の特徴がある。また、「自己への配慮」という主題は、医学的な実践とも関連づけて詳しく語られている。この本は、古代ギリシアからキリスト教社会にいたるまでの性の歴史を語る実に刺激的な歴史書であり、ぜひ熟読をすすめたい。

7月—1

事実は小説よりも奇なり

——ノンフィクション・ノベルを読んでみよう——

想像力の枠をこらしたフィクションに心躍らす時間は楽しい。他方で、実在した人物の考え方、行動の丹念な調査や、現実の事件の取材にもとづいて書かれたノンフィクション・ノベルを読むのもスリリングで、興味はつきない。ドラマや映画のエンドロールに、「これは実際にあった話です」というテロップが流れたとき、なにげなく見てきた物語のディテールが急に生々しく立ちあがってくる経験はだれにでもあるだろう。現実におこったということは、それだけで犯しがたい権威をもつ。人間の底知れぬ不気味なふるまいや奇矯な行為は驚嘆をさそい、不意うちによって悲惨な結末を迎える事件や出来事の衝撃は、ときに魂を震撼させる。

その種の経験を与えてくれるのが、トルーマン・カポーティ（1924〜1984）の『冷血』（佐々田雅子訳、新潮社、2005年）である。彼は、両親の離婚後、親戚縁者の間をたらい回しにされ、各地を転々として、ほとんど学校に行かなかった。独学し、10代で作家として生きていく決意をした。19歳の時の作品『ミリアム』でオー・ヘンリー賞を受賞。23歳の時に書いた長編『遠い声　遠い部屋』で天才的であるとして注目された。1958年の『ティファニーで朝食を』が映画化されて一躍有名になる。『冷血』は1966年の作品である。彼は1957年に、映画のロケで京都に滞在中のマーロン・ブランドに会うため来日し、三島由紀夫とも会見している。『冷血』の訳者、瀧口直太郎によれば、カポーティは、日本の作家では太宰治にいちばん興味をもっていると語ったそうである。

『冷血』は、1959年にカンザス州の農村でおきた一家4人の惨殺事件の詳細な取材にもとづいて書かれた。この事件に強い関心をもったカポーティは、現場とその周辺の調査、事件にかかわる人間への徹底的な取材、逮捕された犯人との面会を続けた。収集した資料はノートブック6000頁にも及び、膨大な資料の収集と整理には、あわせて6年もの年月がついやされたという。それらの資料の選択と圧縮、再構成に小説的な結構がむすびついて傑作が生まれた。彼は自作にノンフィクション・ノベルという名称を与えた。

ノンフィクションに相当するのは、現実におきた出来事の再現の部分である。この部分は入念な調査や、面会した人物の発言の正確な記録、資料に裏うちされている。著者自身の主観を排して、事実そのものに語らせる部分である。それに対して、ノベルと言えるのは、犯人のひとりであるペリーの心理描写の部分である。カポーティは、ペリーになりかわって、ナンシーを射殺するまでの場面を内側から描ききっている。悲惨な過去の経験をもつペリーが殺人にいたるまでの心理的な描写は胸に迫るものがある。カポーティの筆致はあくまでも冷徹だが、おなじく恵まれない幼少期を送った彼だからこそ、ペリーの内面深くに降りていくことが可能だったのではないか。

ペリーがかつて入っていた刑務所で教誨師の書記をつとめていたウィリー・ジェイは、仮釈放の身で出所する日の前夜、ペリーの将来を暗示するような別れの手紙を書いていた。「貴兄は激情の人、自分の欲望がどこにあるのかが判然としない飢餓の人、自分の個性を厳格な社会の慣行という背景に投影しようとして苦闘する欲求不満の人です。（中略）貴兄は強い人ですが、その強さには欠陥があります。抑制することを学ばなければ、その欠陥は強さを上まわり、貴兄を打ち破ることになるでしょう。その欠陥とは？　状況との均衡を失した爆発的ともいえる感情的反応です」（51頁）。

ナンシーは現実の被害者であったが、加害者のペリーもまた自分の過去の心理的被害者であったという一面を否定することはできない。ペリーは、法の裁きによって絞首刑になった。真偽はさだかではないが、カポーティは小説の完成のために、ペリーの処刑の早い執行をひそかに望んでいた自分の冷酷な心理に気づいて、それを揶揄する意味もこめて『冷血』というタイトルを選んだとも言われている。

善と悪、加害と被害の交錯、運命の意味、死刑制度などを深く考えさせる画期的な作品である。

ノンフィクション・ノベルの系譜に属する一冊として大崎善生（1957〜）の『聖の青春』（講談社、2000年）をあげよう。1998年にまだ29歳の若さで、将棋界のトップランクであるA級に在籍したまま亡くなった村山聖（さとし）という棋士の物語である。かつて、「東の羽生、西の村山」と言われた実力者である。現役の羽生善治は、4月10、11日に東京の椿山荘で行われた第70期名人戦第1局で森内俊之名人と対戦し、敗れている。村山の目標も名人位につくことであった。

村山の生涯が、病との戦い、師弟愛、精根つくした将棋の戦いを基軸にして描かれている。5歳で発病した腎ネフローゼは、その後もたびたび村山を苦しめた。入院した病院では、同じ病室のこどもたちが死んでいった。20代の後半に肝臓に転移したがんが彼の命を奪った。幼少期から入退院を繰り返す一方で、病室で学び始めた村山の将棋への情熱は衰えず、プロをめざすまでに上達した。中学一年で、大阪在住の森信雄（当時4段）に弟子入りをする。森は重い病気を抱えた村山をたえず気にかけて献身的に支え続けた。村山は、25歳で名人位を争える地位にまで到達した。この年、こう書いている。「これから先の人生は分からないが、常に前向きに考えていけば道は開けて来ると思う」（231頁）。その後、村山はA級順位戦で羽生や谷川浩司などと対戦し、好成績を残したが、名人戦挑戦の一歩手前で病魔に倒れた。羽生は村山をこう評している。「村山さんはいつも全力をつくして、いい将棋を指したと思います。言葉だけじゃなく、ほんとうに命がけで将棋を指しているといつも感じていました」（268頁）。エピローグのおしまいの方で著者はこう締めくくっている。「目の前にせまりくる死を見つめながら、村山はその短い人生の最後の最後まで少しも諦めずに、少しもひるむことなく必死にはばたきつづけた」（319頁）。

ひとの生涯は、しばしば、あらかじめ終わりを意識することで、危機感や緊張感が増して中身の濃いものになる。がんの余命宣告で命がよみがえったと語るひともいる。まだまだ先がある、ひとは死んでも自分は死ぬはずがないと思いこむと、現在がうつろになり、浅いレヴェルで生きてしまうことも多い。重い病と戦い、苦しみもがきながら、先が短いことを意識しつつ、それゆえになおいっそう将棋に命をかけ、まわりに強い印象を残して旅立った村山の生の軌跡は、短くともひときわ深く輝くものとして心にきざみつけられる。

7月—2
日記を読む
——魂の声に耳をすましてみよう——

洋の東西を問わず、これまで多種多様な日記が世に出ている。日本では、平安から鎌倉時代にかけて「日記文学」が花開いた。女性の手になるものがほとんどであった。『更級日記』、『蜻蛉日記』、『紫式部日記』などすぐれた作品が目にとまる。現代でも、武田百合子の『富士日記』、辻邦生の『パリ日記』、『福永武彦戦後日記』など、数多くの日記が読者を魅了している。『アミエルの日記』、『ゴンクールの日記』など、翻訳で読むことのできる名作も多い。

他人の目に触れることを想定して書かれた日記もあれば、そうでない日記もある。こどもに先立たれた親が、書き残された日記に修正を加えて本にする場合もあれば、こどもが親の日記を公刊する場合もある。日記は、創作とことなり、しばしば書き手の肉声そのものであり、赤裸々な記述も含むがゆえに、読者ののぞき見心理を刺激するということもあるだろう。今回は、いくつかの日記を紹介しよう。

H・G・Oブレーク編『ソロー日記　春』（山口晃訳、彩流社、2013年）は、『森の生活』でよく知られるアメリカの作家ヘンリー・ソロー（1817～1862）が残した膨大な日記の一部である。「夏」「秋」「冬」編も刊行が予定されている。彼は、四季の自然の歩みと自身の精神状態を重ねながら、風景や動物、植物と心をこめて対話し、刻々と変化するその微細な表情を書きしるした。自然に包まれながら、神や人間、いのちについての思索の時間が実った。凝った表現はなく、簡潔で端正な文章が特徴である。「風景は魂の状態である」と述べたアミエルをはじめ、季節の感受を巧みに表現したジュリアン・グラック、国木田独歩、徳富蘆花などの文章には、自然との親密な交流の記述が見られる。ソローはその真骨頂だ。自然は、ソロー自身の内面を映す鏡にもなっている。

この日記は、編者ブレークの着想によって、異なる年の同じ月日の記述ごとにまとめられている。春をほめ讃え、春と交歓し、その贈与に感謝を捧げる文章をいくつか抜きだしてみよう。自然と共に生きる喜びが率直に示されている。

愛は自然のすべての頌歌の主題であり、鳥たちのさえずりは祝婚歌である。花々の結婚は低湿地にまだらの変化を与え、真珠とダイアモンドをかかえる房飾りで生け垣を作る。深い水の中や上空において、森、草地、大地の内部において、まさにこれがあらゆるもののなすべき営み、存在の条件である。（43頁）

夜明け前。

何という無限のそして疲れを知らない期待と布告で、オンドリたちは夜明けごとに案内役をつとめることか。これまで夜明けがなかったかのようだ。そして犬たちはあいかわらず吠え、地衣の葉状体は出てくる。だから自然はなかなか死なないのだ。（153頁）

今日は昨日と何とちがっていることか。昨日はひんやりとし輝いている日であった。大地は雨ですっかり洗われ、強い北西風が私たちの春の海にかなりの高波を作り、風景に注目すべき生命と精神を与えていた。ところが今日は申し分なくおだやかで暖かく、湖の上でさざ波によって水面がかき乱されることはない。（167頁）

鳥たちのさえずるあの春の朝がやってくるとたちまち、私は早起きの人になっている。自分の守り神によって目覚めさせられ、ふつうだと聴き取ることのできないメロディに気づく。とても静かで喜びに満ち期待感をいだいて夜明けを待っている自分に驚く。私は春と約束をしている。彼女は私を起こすために窓のところへ来る。そして私はふだんより一、二時間早く戸外へ出る。私が目覚めるのは特別な計らいによるのである。荒々しくではなく、幼児が目覚めさせられるように優しくである。実は私たちが二重に目覚めるとき、つまりふつうの夜の眠りからだけでなく、昼のまどろみからも目覚めるとき、私たちはふつうの生活という葉状体を突き破り、力強さとともに生き返るのである。（205頁）

『アンネの日記　増補新訂版』（深町眞理子訳、文春文庫、2003年）は、ナチスの支配するドイツを逃れ、オランダの隠れ部屋に潜伏する緊迫した状況のなかで、少女アンネが書き続けた日常の観察と内省の記録である。原題は「隠れ家」である。『聖書』につぐ大ベストセラーとも言われるから、多くの人が少年期、青年期に一度は読んでいるかもしれない。ソローは広大な自然のなかを自由に歩きながらノートをとったが、ユダヤ出自のアンネ（1929〜1945）は、8人のユダヤ人と隠れ住んだ家の一室で自分の思考や、家族、隣人の観察を文章にした。見つかれば殺されるという恐怖が支配していた。一歩も外に出られないアンネにとって、自然の風景は、窓枠によって狭く切りとられたものでしかなかった。

彼女は、自分のためにだけ書き記した日記の他に、本にすることを意識して修正を加えた日記を残した。13歳から15歳までの記録である。アンネは密告によって逮捕され、最終的にドイツのベルゲン―ベルゼン収容所に送られ、チフスに罹って亡くなった。1947年に「短縮版」、1986年に「学術資料版」が出版され、本書は、後者を読みやすくしたものである。アンネ・フランク財団編『目で見る「アンネの日記」』（文春文庫、1990年）は、写真を通じて当時の状況や背景を明らかにしている。1959年にジョージ・スティーブンス監督によって映画化され、劇団民藝によって戯曲化もされた。

1942年6月12日、アンネは日記に向かって「あなた」と呼びかけてこうしるす。「あなたになら、これまでだれにも打ち明けられなかったことを、なにもかもお話しできそうです。どうかわたしのために、大きな心の支えと慰めになってくださいね」（14頁）。「あなた」という自分の内なる対話者を得て、アンネの内省と問いかけの旅が始まる。1944年8月1日の最後の日記の締めくくりにはこう書かれている。「そしてなおも模索しつづけるのです。わたしがこれほどまでにかくありたいと願っている、そういう人間にはどうしたらなれるのかを。きっとそうなれるはずなんです、もしも……この世に生きているのがわたしひとりであったならば」（582頁）。2年あまりにわたって書かれた日記には、「心の底に埋もれているものを、洗いざらいさらけだしたい」（22頁）と望んだ少女の自己探究の軌跡が読みとれる。閉ざされた狭い空間のなかでの限定された人間関係に揺れ動く心の動きや、刻々と変わる戦争状況を知るなかでの一喜一憂も詳細に書きとめられている。

1944年7月21日の日記で、アンネは、ユダヤ人の絶滅をくわだてたヒトラーの暗殺計画が失敗に終わったことに触れている。画家を志望していた青年ヒトラーは、政治活動家へと転進した。ミュンヘン一揆が失敗し、投獄されたヒトラーは、獄中で『わが闘争』をヘスらに口述筆記させ、反ユダヤ主義的な構想を練りあげていった。人種の違いや立場を認めない非寛容の思想が、やがてドイツをくまなく支配することになる。ヒトラーは、1945年の4月に、敗戦を目前にして自殺した。作家を夢見ていたアンネが強制収容所で命を落としたのは、そのおよそ2箇月前である。収容所が英軍によって解放されたのは4月である。アンネは15歳という若さで戦争の犠牲になったが、日記は、彼女にかわって今も命脈を保っている。アンネは、1944年4月5日の日記にこう書きしるしていた。「わたしの望みは、死んでからもなお生きつづけること！」（433〜434頁）。

『アンネ・フランクの記憶』（角川文庫、1995年）の著者小川洋子は、アンネから小説を書く動機を与えられたという。「わたしが一番最初に言葉で自分を表現したのは、日記だった。その方法を教えてくれたのが『アンネの日記』なのだ」（11頁）。この本は、アンネの生と死の軌跡をたどる約一週間の旅の記録である。アムステルダムの隠れ家やフランクフルトの生家、アウシュヴィッツを訪れたときの心の動揺や思いが抑制された文体で描かれている。出かけるときの心情はこう書かれている。「特別に大事な古い友人、例えば長年文通を続けてきた才能豊かなペンフレンドの、若すぎる死を悼み、彼女のためにただ祈ろうと願うような思いで出発するのだ」（16頁）。『アンネの日記』を繰り返し読んで、最後の日記を読むときの心の気配はこう表現されている。「ここへたどり着くたび、わたしは続きが読みたくてたまらない気持に陥る。この日記はもう、決して先へ進むことはできないのだと気づく時、わたしは一人の人間が死ぬということの真の意味を、思い知らされる」（259頁）。アンネと向き合う作家の真摯な姿勢が伝わってくる本だ。

池上彰『世界を変えた10冊の本』（文春文庫、2014年）では、『アンネの日記』がその一冊に選ばれている。池上は、この日記のなかに、ユダヤ人としての自覚に目覚めるまでの少女の成長の軌跡を見ている。池上はまた、この日記を国際政治の文脈のなかに位置づけている。おしまいで、イスラエルによって壁で包囲されたパレスチナに住み、恐怖に怯えて暮らす少女が、アンネのように日記を書いている光景が想像されている（42頁参照）。

多和田葉子『言葉と歩く日記』（岩波新書、2013年）は、22歳でドイツに移住し、その後、創作活動を続けている作家の日常観察日記である。出版を意図して書かれている。「日本語とドイツ語で小説を書きながらベルリンで生活し、よく旅に出る人間の頭の中を日記という鏡に映してみようと思いたった」(12頁)。この日記の主題は、タイトルに示されているように、ことばである。国であれ、ことばであれ、その外に出てはじめて見えてくることがある。多和田は、広辞苑(第4版)や他社の辞書の「日本」に「わが国の国号」と説明されているのに気づいて「あれっ」と思う(64〜65頁参照)。一人称の、内向きで、外部の視点を反映しない不十分な定義だからだ。多和田の定義は、「アジアの東端に位置する島国」(65頁)である。

2箇国語で文章を書くことによって、それぞれの言語を相対化する視点が得られる。表現の特徴や、表現の仕方の差異なども意識するようになる。ことばを用いて生きることの意味も問われてくる。多和田は、興味深いことを述べている。「言語はわたしにとって体系ではなく、一種の『できごと』なのではないかと気づいた時、日記という形式がわたしにとっては言語について書き記すのにふさわしいのではないかと思った。自分の身に毎日どんなことが起こるか、予想できないし、操作もできない。誰に会うかは、相手が拒否しない限り、ある程度自分で決められるが、その人が何を言い出すかは予想できない。言葉は常に驚きなのだ」(64頁)。言語を体系として客観的に勉強することは大切である。しかし、ことばが驚きとして現れてくるような状況を見つめ、ことばが生きられる現実の多様な出来事に気を配ることもけっして欠かせないのだという作家の信念がうかがえる。

8月—1

神・人間・運命

—ギリシア悲劇を読んでみよう—

未来を予見する神の視線は、この先におきる悲劇の数々を透視している。しかし、神ならぬ身の人間にはそれらが見えない。悲劇がおきたのちに、そこにいたる道筋が見えてくるだけなのだ。ギリシア悲劇は、すべてを知る永遠の神の透徹したヴィジョンと、悲劇に翻弄されて苦しむ、つかのまの存在としての人間の無明との対比を鮮明に描きだし、われわれを人間の運命についての思索へといざなう。

現代のギリシアは経済危機の渦中にあり、EUの最貧国として世界経済の足を引っぱっている状況だが、古代ギリシアでは奴隷制のもと、自由と富を享受する市民たちが輝かしい文化を築いた。彼らの楽しみのひとつが、春の大ディオニュシア祭りの祭礼行事の一環として始められた悲劇の競演であった。ときは紀元前五世紀である。競演という形式は、その後の悲劇作品の質の向上や、上演環境の整備に貢献し、前五世紀の中頃から悲劇全盛時代が訪れる。フロイトを代表例として、ギリシア悲劇からインスピレーションを得た作家や思想家の数は知れない。

ギリシア悲劇は仮面劇であり、役者の数はひとりから始まり、やがて一作品3人までと決められた。仮面は、ひとりの役者が複数の人物を演じることを可能にした。劇とコロス（合唱）の配分、コロスの構成にも次第に改良が加えられた。全文が韻文で書かれたギリシア悲劇では、コロスが重要な位置をしめている。伴奏音楽はアウロス（笛）一本だけだったというが、詳細は不明である。

三大悲劇詩人と称されるのはアイスキュロス、ソポクレス、エウリピデスの３人である。彼らの書いた33篇のみが今日まで伝承されてきた。今回は、ソポクレスの『オイディプス王』（『ギリシア悲劇Ⅱ　ソポクレス』ちくま文庫、１９８６年）と、エウリピデスの『メディア』（『ギリシア悲劇Ⅲ　エウリピデス（上）』ちくま文庫、１９８６年）を紹介しよう。

『オイディプス王』の背景はこうだ。テーバイの王ライオスは、自分の子に殺されるという予言を恐れて、生まれたばかりのわが子を山中に捨てるように羊飼いに頼む。不憫に思った羊飼いから別の羊飼いをへて、赤子は子のいないコリントス夫妻のもとで王子オイディプスとして成長する。ある日、彼はコリントス王が実の父ではないという噂を耳にする。アポロンの信託は、オイディプスに「父を殺し、母親と結婚する」と告げる。予言を恐れた彼は、コリントスへは戻らぬ決意をして、テーバイに向かう。その途中の三叉路で旅の老人と道の譲りあいでもめて、老人（実の父）を殺してしまう。テーバイの国境で、怪物スピンクスの謎を解いて退治した功績を認められたオイディプスは、テーバイのあたらしい王に迎えられる。彼は先の王妃イオカステ（実の母）を妻として、４人の子に恵まれる。平和な歳月が過ぎて、やがて街には悪疫がはやりだす。

ここから本篇が始まる。劇を見るだれもがオイディプスの父親殺しと母親との交わりの過去を知っている。それを知らないのはオイディプスただひとりである。「ソポクレス・アイロニー」と言われるものだ。街を襲う厄災の原因解明とその終息を求める彼のもとに、盲目の予言者テイレシアスが連れてこられる。ふたりの息詰まるやりとりから次第に過去の真実が明らかになる。イオカステの発言も徐々にオイディプスの過去をあらわにしていく。ついにおのれの素性を知ったオイディプスはこう叫ぶ。「おおすべては明らかとなったようだな。おお、光よ、これがお前の見おさめだ、生まれるべきでない人から生まれ、交わってはならぬ人と枕を交わし、害すべきでない人の血を流したこのおれの！」（358頁）。イオカステは縊死するが、オイディプスは彼女の着物から黄金の留針を引きぬいて両眼を何度もつき刺す。自死の選択ではなく、追放されても、盲人となって厳しい生に耐えて生きていくという決意のあかしであった。

神託に抵抗する人間のふるまいそのものが神託の成就する過程に組みこまれているという点に、この恐るべき悲劇の核心がある。神と人間の相克は、例外なく人間の敗北に終わり、人間の傲慢さに神の罰が下される。神なき現代にあってもおのれの起源を知りたいと熱望し、過去を詮索する人間は、しばしば知らなければ過ぎたはずの平凡な日常から逸脱して苦境に陥り、場合によってはとり返しのつかない破滅への道をたどる。しかし、それでもなお苦難をへて生きることを決意するのが人間ではないか。オイディプスはその人間の悲惨と尊厳をみごとに体現している。

『メディア』は、愛する夫イアソンに裏切られた妻メディアが、ふたりの間に生まれたこどもを殺すにいたるまでの顛末を劇化したものである。夫の心変わりを知って激情にかられたメディアが、衝動的にわが子に手をかけるという単純な筋立てではない。つらい仕うちを受けたメディアの驚きと悲しが発端にあり、それが憤怒と憎しみへ転化していく。自死が、親子心中が頭をよぎる。しかし、他方で、夫への復讐の念が燃えさかる。夫を新妻ともども殺すべきか、否か、迷いは深まる。熟慮のすえ、イアソンを最も苦しめるために、後継を期待されているふたりのわが子と、こどもを宿すかもしれない新妻を殺害しようとの結論が導かれる。だが、母親の情愛がそれを躊躇させ、葛藤はつきない。わが子を殺める前に、メディアが思いのたけを口にする。「どんなひどいことを仕出かそうとしているか、それは自分にもわかっている。しかし、いくらわかっていても、たぎり立つ怒りのほうがそれよりも強いのだ。これが人間の、一番大きな禍いの因なのだが——」（126頁）。分別よりも、こどもへの愛情よりも、裏切った夫への復讐の情念がまさるのだ。新妻を毒殺したあと、メディアはわが子を手にかける。死んだこどもを抱えて逃亡を企てる直前のメディアは、せめてその肌を撫でさせてほしいというイアソンの必死の願いを拒絶する。「この者の手にかかり、不憫にも死ぬくらいなら、／初めから、生れ出ぬほうがよかった、気の毒な、ああ、子供らよ」（143頁）。泣き伏すイアソンにコロスが加わって、この悲劇が終わる。

二千数百年をへたいまでも、ギリシア悲劇はわれわれを魅了し続けている。イタリアの映画監督、ピエル・パオロ・パゾリーニは、『オイディプス王』をもとに「アポロンの地獄」（1967年）という傑作を残した。『メディア』を下敷きにした「王女メディア」（1969年）では、ギリシア出身の世界的な歌手、マリア・カラスがメディアの燃えあがる情念を鬼気迫る表情と迫力のある身ぶり、手ぶりで好演した。蜷川幸雄演出の「王女メディア」では、メディア役を平幹次郎がみごとに演じきり、ギリシア公演も好評を博したという。

ギリシア悲劇について詳しく知りたい人には、丹下和彦『ギリシア悲劇』（中公新書、2008年）がおすすめだ。悲劇の誕生の宗教的、社会的背景を知ることができる。重要な作品の丁寧な分析もなされている。すらすらとは読めないが、若きニーチェの画期的な処女作『悲劇の誕生』（塩屋竹男訳、ちくま学芸文庫、1993年）もおすすめである。「アポロン的なもの」と「ディオニュソス的なもの」という対立を軸にした立論を追うことで、西欧思想の源流への理解を深めることができる。

8月—2
人間・欲望・滑稽
—モリエールの喜劇を読んでみよう—

大阪独特のお笑い文化を好む人は、大阪天満宮の北隣にある天満天神繁昌亭やなんばグランド花月などに足を運び、巧みに仕組まれた笑いに興ずる。日常の世界では、たいていのひとが恥をかくのを恐れ、ひとに笑われまいと用心して生きているから、喜劇的な場面に遭遇することはそれほど多くない。喜劇や落語は人の言動を面白おかしくデフォルメしたり、ことば遊びを混ぜたり、通常おこりえない意想外な出来事を介入させることによって、哄笑、爆笑やくすくす笑いをもたらす。

現代から時間を400年ほど戻したヨーロッパは、宗教戦争や残酷な殺戮、処刑で血塗られていた。パリに生まれたモリエール（1622～1673）も、若いころには、信じる宗教の違いで殺しあう人々の残忍なふるまいを見つめていたであろう。過酷な現実に抗するかのように、青春のモリエールが熱をあげたのが演劇である。20歳過ぎの若者は、女優のマドレーヌ・ベジャールらと「盛名劇団」をおこす。しかし、経済的にたちいかず、パリを追放されて地方巡業の日々が始まる。モリエールは、その後の13年間をおもに南仏での興行についやし、座長、役者としてだけでなく、劇作家としても自分を鍛え続けた。いろいろな苦労をへて人間を見る目も養われた。

モリエールの一座は、南仏での成功が評判となり、1658年に王弟庇護劇団の肩書きを得てパリに戻った。ルイ14世の支援を受け、王室所有のプチ・ブルボン座の使用を許可され、翌年の「滑稽な才女たち」で大当たりを得た。嫉妬や反感などが理由でこの座がとりこわされたあとは、パレ・ロワイヤル座の使用を許された。

モリエールの作品には、一〜三幕の笑劇風の喜劇や、五幕物の性格喜劇、筋立ての面白さを見せる葛藤喜劇、宮廷娯楽用の田園喜劇などがあるが、『守銭奴』（鈴木力衛訳、岩波文庫、改版、2008年）は、「タルチュフ」（1664年）、「ドン・ジュアン」（1665年）、「人間ぎらい」（1666年）とならぶ四大性格喜劇のひとつであり、1668年にパレ・ロワイヤル座で初演された。性格喜劇とは、だれにも多かれ少なかれ認められる性格上の欠点や弱点、もろさをひとりの人物に凝縮し、その滑稽な言動を舞台化したものである。観客は笑いへと誘われながらも、他方で、他人事ならぬせりふやふるまいに妙にしんみりとする。

『守銭奴』は、ラテン作家プラウトゥスの喜劇『鍋』や、フランス、イタリアの諸作品を下敷きにした五幕ものの喜劇である。金銭欲は、若干の例外もあるだろうが、年を重ねるにつれ、心に根深く住みつくようになる。色欲と無縁なひとも少ないだろう。モリエールは、この二種類の欲に憑かれた男の、露骨なまでに金に執着する発言や行動、年を考えない色恋ざたを舞台化して笑いをとろうとしている。観客は、そこに自分の姿をかいま見ながら、屈折した笑いへとさそわれるのだ。

『守銭奴』は、還暦を過ぎた男アルパゴンの欲のつっぱりぶりを巧妙に描くと同時に、自分の息子が惚れている娘マリアーヌに、それと知らずず恋して結婚を算段するアルパゴンのふるまいや、親子の争いを愉快に描いている。肝の部分のごく一部をとりだしてみよう。舞台の第一幕第一景は、アルパゴンの娘のエリーズと、アンセルムの息子ヴァレールとの恋の会話で始まる。よく知られたせりふが出てくる。「殿方って、お言葉はみんな似たり寄ったりで、実際になさることを見なければ、その違いがわかるもんじゃありませんわ」（9頁）。ヴァレールが、アルパゴンに気に入られるための方策について、こう語る。「人間の心をつかむのにいちばんいい方法は、その人の目の前で、ピッタリ息が合うように取りつくろい、その人の主義主張に相槌を打ち、欠点をほめちぎり、することなすこと、なんでも拍手してやるんです」（12頁）。人にとりいる最良の方法は、お世辞をたくみにまぜて相手をほめぬくことだという確信を口にしたあと、ヴァレールは、こうも述べる。「お追従を言うやつが悪いんでなくて、お追従を言われたがるほうに罪があるんですよ」（13頁）。

第二景では、アルパゴンの息子のクレアントが、マリアーヌへの恋心をエリーズに告げ、けちな父親がどう反応するか知りたいと話す。第三景でアルパゴンの登場だ。クレアントの従僕ラ・フレーシュとのお金をめぐるやりとりを通じて、お金を生きがいにするアルパゴンの亡者ぶりが示される。彼は、金庫は泥棒に狙われやすいと、大金を庭に埋めて隠す。第五景で、アルパゴンは、ぞっこん惚れこんだマリアーヌとの結婚の意志を自分の息子に告げる。すったもんだの始まりだ。

アルパゴンとマリアーヌの間をとりもつフロジーヌ婆さんの役回りが面白い。「世の中ってものは、要領よく立ちまわるのがいちばんだからね。わたしたちみたいな人間が神さまから授かった年金といえば、からくりと駆引きのほかに、なにひとつないんだもの」（61頁）。フロジーヌは、たんまりお礼にありつこうと、アルパゴンを大嘘でほめそやす。「だんなさまこそ男のなかの男、打ち見たところいかにも堂々として、女に惚れようと思ったら、体つきも着こなしも、こうでなくっちゃだめですわ」(73頁)。クレアントに惹かれているマリアーヌには、こう話しかける。「あんたがたが婿選びをするとなったら、たんまり財産をくれる年寄りのご亭主のほうがずっといいことよ。(中略)ね、よくお聞きなさい、あの方が亡くなれば、じきにもっとかわいらしいだんなさまがもらえますよ、それでなにもかも償いがつくじゃありませんか」(98〜99頁)。

第三幕第九景、フロジーヌの世話で、アルパゴンとマリアーヌが顔をあわせ、第十一景でクレアントも加わり、3人の間でかみあわないやりとりが続く。第四幕第一景で、アルパゴンを除く3人にエリーズが加わり、相愛のふたりを結婚に導くための戦略が練られる。

第四幕第六景で舞台が急展開する。アルパゴンが用心深く庭に埋めて隠した大金をラ・フレーシュが掘りだして姿を隠すのだ。第七景は、狼狽し、気も狂わんばかりにほえまくるアルパゴンのひとり舞台だ。「ああああ！　わしの大事なお金！　わしの大事なお金！　いとしいやつめ！　わしはおまえから引き離されてしまったよ」(136頁)。警部を呼んで、泥棒探しが始まる。

最終の第六景で、盗まれた大金のありかを知るクレアントは、父親に、自分とマリアーヌの結婚を認めればお金が戻ることを告げる。お金がいのちのアルパゴンが結婚を承認し、お金をとりかえしにいくところで、この喜劇が幕を閉じる。

シェークスピアと並び称されるモリエールの青年時代を描いたロラン・ティラール監督の「モリエール　恋こそ喜劇」（2007年）は、フランスで180万人の観客を動員し、モスクワ映画祭では、観客賞、男優賞を受賞した。日本でも、2010年の3月に公開された。これまでにモリエール全集が何種類か出ているが、主要な作品は、今日、岩波文庫で読むことができる。喜劇の世界を楽しんでほしい。

9月—1
過去・現在・未来を見つめる
—吉野源三郎のメッセージ—

吉野源三郎『君たちはどう生きるか』（岩波文庫、1982年）は、山本有三が1935年から編纂し始めた『日本少国民文庫』全16巻の最後の一巻として1937年に出版された。日本がアジアの国々を巻きこんで侵略戦争の勢いを強めていた頃である。ヨーロッパでは、ムッソリーニやヒットラーが政権をにぎり、第二次世界大戦へと傾いていた。軍国主義とファシズムが力をふるうこの時代に、この本が書かれた。

吉野によれば、山本は、自由な執筆が困難になる状況のなかで、少年少女に未来を託すメッセージを残すために、ヒューマニズムの精神の息づくシリーズを世に送りだしたという。『君たちはどう生きるか』は、山本が書く予定だったが、目の病のため不可能になり、吉野が代筆した。山本や吉野が、戦争の悲惨な結末と犠牲者の膨大な数をどのように予測していたかはわからないが、この本には、未来の大人たちの「人間らしい生」への願いがこめられた。

少年少女向けの体裁で書かれているが、大学生でも十分に興味深く読める。大学のゼミでテキストに用いる先生もいるほどだ。丸山眞男は、「回想」のなかで、法学部の助手時代にこの作品を読んで震撼される思いをしたと述べている（309頁参照）。年齢に応じて読める本である。

主人公は、コペル君（本名は潤一）というあだ名のついた中学二年生である。この少年の生活体験や思考内容を軸にして話が進むが、「叔父さん」との対話やノート、手紙のやりとりがもうひとつの軸になっている。叔父さんの「ものの見方について」という潤一向けのノートのなかで、天動説に対して地動説を説いたコペルニクスの見方が、人間のものの見方とむすびつけて語られている。叔父さんによれば、こども時代は、自分中心に考え、天動説的な傾向が強いが、大人になるとそれが逆転して地動説に変わってくる。だが、だれもがそうなるわけではない。重要な指摘が続く。「人間がとかく自分を中心として、ものごとを考えたり、判断するという性質は、大人の間にもまだまだ根深く残っている」(26頁)。「たいがいの人が、手前勝手な考え方におちいって、ものの真相がわからなくなり、自分に都合のよいことだけを見てゆこうとするものなんだ」(同頁)。当時の世相がさりげなく批判されているが、今日の状況にもあてはまるだろう。自分の見方を相対化し、相手の立場に立って考えることが容易にはできないということだ。

教室でのいじめ事件の詳細を語ったコペル君に対して、叔父さんは「勇ましき友」のなかでしるす。「人間が集まってこの世の中を作り、その中で一人一人が、それぞれ自分の一生をしょって生きてゆくということに、どれだけの意味があるのか、どれだけの値打があるのか、ということになると、僕はもう君に教えることが出来ない。それは、君がだんだん大人になってゆくに従って、いや、大人になってからもまだまだ勉強して、自分で見つけてゆかなくてはならないことなのだ」(51頁)。「人間としてこの世に生きているということが、どれだけ意味のあることなのか、それは君が本当に人間らしく生きて見て、その間にしっくりと胸に感じとらなければならないことで、はたからは、どんな偉い人をつれて来たって、とても教えこめるものじゃあない」(52〜53頁)。当時の危機的な状況を背景にして、熱いメッセージがストレートに語られている。自分の実感を大切にして、身にしみたこと、心を動かされたことの意味をじっくりと見つめなおし、よく考えて生きることが人間として生きることだという主張だ。「肝心なことは、世間の眼よりも何よりも、君自身がまず、人間の立派さがどこにあるか、それを本当に君の魂で知ることだ。そうして、心底から、立派な人間になりたいという気持を起こすことだ」(56頁)。「心の眼、心の耳」(52頁)を自分においてくる出来事にたいして開いておきなさいという忠告である。もっとも大切なことが、やさしい言葉で語られている。

「ニュートンの林檎と粉ミルク」はこの本の白眉である。コペル君は、ニュートンの重力発見の話に触発されて、叔父さんに長い手紙を書く。そのなかで、彼は自分が発見した「人間分子の関係、網目の法則」について語る。話の出発点は、オーストラリア製の粉ミルクのかんだ。コペル君は、目の前のかんが、オーストラリア、牧場、牛、粉ミルクの工場、港、汽船とつながっていることに気づき、かんの背後に、牛の世話をするひと、乳をしぼるひと、それを工場に運ぶひと、汽車に運ぶひと、汽船に積みこむひとなど、多くのひとびとの存在を感じとる。「僕は、粉ミルクが、オーストラリアから、赤ん坊の僕のところまで、とてもとても長いリレーをやって来たのだと思いました。工場や汽車や汽船を作った人までいれると、何千人だか、何万人だか知れない、たくさんの人が、僕につながっているんだと思いました」(86頁)。彼は、電灯や机、時計や畳などありとあらゆるものが網の目のようにむすびついていることにも気づく。マルクスが『資本論』の冒頭で述べた、ひとつの商品にすべての生産関係が組みこまれているという認識にいきついたのだ。この認識は、「一即多、多即一」という仏教的な見方にもつながる。

叔父さんは、コペル君が自力でこのことに気づいたことに感心する一方で、経済学や社会学は、これまで多様な仕方で人間の世界の網の目状の関係を研究してきたのだと告げる。だが問題は、その関係が「まだまだ本当に人間らしい関係」（96頁）になっていないことだと、叔父さんはつけ加える。利害がからむと、ひとひととの間でも、国と国との間でも対立が生じ、むすびつきにほころびが生まれる。相手の立場を想像しない狭い自分中心主義が関係の亀裂を深めることも多い。「では、本当に人間らしい関係とは、どういう関係だろう」（97頁）。叔父さんは、この問いをコペル君に自分で考えさせる前に、こう述べる。「人間が人間同志、お互いに、好意をつくし、それを喜びとしているほど美しいことは、ほかにありはしない」（97〜98頁）。明快な答だ。昔、イエスが語り、現代ではレヴィナスが強調していることだ。利他や隣人愛の重要性を説くひとは、古今東西無数にいる。愛の実践もここかしこでなされてはいる。だが、現実には憎しみの連鎖による争いがたえまなく続いている。

「人間であるからには――貧乏ということについて――」は、人間がどう生きるべきかという倫理的な問題にかかわる。だれにも多かれ少なかれ、相手の職業や地位、肩書き、住まいなどによって自分の態度を変える傾向が認められる。相手が弱いと見れば攻めにかかったり、強いと見れば下手にでたり、自分の色眼鏡でひとを見ることも多々ある。こうした側面を指摘しながら、叔父さんは述べる。「僕たちも、人間であるからには、たとえ貧しくともそのために自分をつまらない人間と考えたりしないように、――また、たとえ豊かな暮しをしたからといって、それで自分を何か偉いもののように考えたりしないように、いつでも、自分の人間としての値打にしっかりと目をつけて生きてゆかなければいけない。貧しいことに引け目を感じるようなうちは、まだまだ人間としてダメなんだ」（130頁）。相手がどのような身分かではなく、相手が人間であることに力点を置くべきだという主張だ。そうすれば、だれに対しても同じ態度がとれるだろう。

「雪の日の出来事」「石段の思い出」「凱旋」は、学校での暴力事件がおきたときに、友達であるはずの仲間を、恐怖心から助けきれなかったコペル君の心の痛みや落ちこみから始まって、友情がもどるまでを描いている。少年の傷つきやすい心の葛藤と友情を生き生きと映しだして、読み応えがある。

「春の朝」がエピローグだ。コペル君は、ノートに自分の希望と信念を率直にこう書きとめる。

僕は、すべての人がおたがいによい友だちであるような、そういう世の中が来なければいけないと思います。人類は今まで進歩して来たのですから、きっと今にそういう世の中に行きつくだろうと思います。そして、僕は、それに役立つような人間になりたいと思います。（298頁）

『君たちはどう生きるか』は、日本が無数の人のいのちを奪うことになった戦争へとつき進む時期に、平和な共存を遠望して書かれた。今日われわれは、地震や津波、事故、紛争などによる近未来の膨大な数の死が予想される状況のなかで生きている。死の脅威を前にして、「どう生きるか」が、切実な問いとしてつきつけられている。

9月—2
祈ること・あること・もつこと
——長田弘のことば——

長田弘は福島市に生まれた詩人である。これまでに『世界は一冊の本』（晶文社、1994年）、『黙されたことば』（みすず書房、1997年）、『死者の贈り物』（みすず書房、2003年）など数々の詩集をわれわれに届けている。最新の詩集が『詩の樹の下で』（みすず書房、2011年）である。帯には、FUKUSHIMA REQUIEMとある。長田は「あとがき」で、復興の二文字には「死者の霊をよびかえす」と「地霊を興す」という意味があり、この詩集がその祈りに加わることを願うと述べている（116〜117頁参照）。「朝の浜辺で」という詩は、長田の静かな祈りのことばで詠われている。

水平線からまっすぐに向かってくる、
きらきらした、夏の鏡のような、
海からの日の光。
風の匂う朝の浜辺に立って、
黙って、海を見つめている人がいる。
何を見ているのか。無を
見ているのだ。そこに立ちつくして。——
われ汝にむかひて呼ばはるに汝答へたまはず。

小さなイソシギが、汀を走ってゆく。
どこにもいない人たちのたましいを啄ばむように。

（2011年夏、終三行目舊約ヨブ記より）（94〜95頁）

自然は、緩と急、静と動のリズムをきざんでいる。生き物は日の光、風の匂い、水、空気といった自然に支えられて生きる。しかし、ときにはすさまじいまでの自然の力によって、一瞬にして命を奪われる。ひとも、ひと以外の動物や植物も、台風や地震、洪水などによって苦しめられ、死にいたる。ジャンケレヴィッチがよく語ったように、死の場所と時間は不定だが、死は確実にやってくる。命を授けられたものたちは、いつの日か去っていかねばならない。死者を見送るひとも、見送られるひとになる。そして最後に残るのは、マルクス・アウレーリウスがたびたび述べたように、無だ。無の理由を問うても、答は見いだせない。「なぜこんなことが」という出来事が、大小さまざまな規模で日常的におきている。あらゆる出来事はさまざまな理由でおこるが、あることがおきるということに理由はない。自然のリズムによっておこる猛威の数々を止めることは不可能だ。だが、おきた出来事を、ひとは記憶し、祈ることができる。長田の祈りは、亡くなったもの、亡くなるものへと向けられている。

長田は、セネカやマルクス・アウレーリウスといったストア派の哲学者たちとの対話を通じて「よく生きること」について考え、生きる工夫をこらすことの大切さを読者に語りかける。長田はまた、身の周りにいるひとびとや亡くなったひとびと、木と樹と森、草と花、鳥や猫や馬、空と川と海、朝と昼と夜などとの対話を詩文で表現している。しかし、長田が重視するのは、目に見えるものたちとの視覚的なかかわりだけでない。聞こえないものの音を聴き、話さないもののことばを話すこと、なにもないところでなにかを見いだそうとすることが長田に固有の態度だ。『世界は一冊の本』（晶文社、1994年）のなかの「立ちどまる」という詩を見てみよう。感受性の開放を願う詩だ。

立ちどまる。
足をとめると、
聴こえてくる声がある。
空の色のような声がある。

「木のことば、水のことば、
雲のことばが聴こえますか？
「石のことば、雨のことば、
草のことばを話せますか？

立ちどまらなければ

ゆけない場所がある。
何もないところにしか
見つけられないものがある。（52～53頁）

多忙な日々のなかでは、立ちどまって耳をすますことが少ない。木や水や、石や雨が語りかけていることばに感応することもまれだ。仕事や用事に追われてせかされていると、自然の静かなささやきや喜び、悲しみ、苦しみのことばが心にしみてこない。手帳のスケジュールを消化するために急がされ、心が先へ、先へと向かうと、いま、身近におきている奇跡のような出来事は響いてこない。

「嘘でしょう、イソップさん」という長詩のなかに、印象に残ることばがある。

ゆたかさは、私有とちがう。
むしろ、けっして私有できないものだ。
私有できないゆたかなものを
われわれは、どれだけもっているか？（113頁）

みんながもっているものをもつ、儲けるために仕組まれたシステムのとりこになる、身を飾るものに魅入られる。ものとのかかわりがどのようなものであれ、生きるということの不可欠な一面は、ものを求めるということだ。自分のもちものは意のままにすることができるし、隠すことも、捨てることも自由だ。ものなくして生はありえないし、ものへの欲望が次第に強まるのも避けられない。

しかし、視野がものの次元に狭く限定されていると、「これは私のものだ」とは言えないものの存在に気づけない。私のものにならないもの、だれもが私有できないものとは、長田が言うように、たとえば日の光や、木漏れ日、雨や風などだ。それらは、われわれを活かし、われわれを支えてくれるものだ。多くのものをもつことは、かならずしも豊かさの指標とはならない。過剰にもつことが、苦しみのもとともなることがあれば、いらないものをもたされることで、大事なものがもてなくなることもある。

自分のものにはできないものの次元に心がひらかれることで、場合によっては、「あること」に変化が生まれる。私有できないものの存在に気づき、その恵みのありがたさに思いをこらすことによって、「あること」のただならぬ不可思議なありかた、「あること」の神秘が感じられるようにもなる。見えないもの、もてないものが示唆する次元は、恩寵にも通じる。そこでは、「もつこと」につながる豊かさとはことなる豊かさが生き生きと感受される。

この種の豊かさは、急がず、立ちどまってみる、自分のものにできないものに身をひらく、だれにもあてはまる共通の時間を意識するのではなく、自分に固有の時間を生きることから生まれてくる。

つぎの詩には、われわれを豊かな次元へといざなうことばが語られている。『一日の終わりの詩集』（みすず書房、２０００年）のなかの「自由に必要なものは」という詩だ。

不幸とは何も学ばないことだと思う
ひとは黙ることを学ばねばならない
沈黙を、いや、沈黙という
もう一つのことばを学ばねばならない
楡の木に、欅の木に学ばねばならない
枝々を揺らす風に学ばねばならない
日の光に、影のつくり方を
川のきれいな水に、泥のつくり方を
ことばがけっして語らない
この世の意味を学ばねばならない
少女も少年も猫も
老いることを学ばねばならない
死んでゆくことを学ばねばならない

もうここにいない人に学ばねばならない
見えないものを見つめなければ
目に見えないものに学ばなければ
怖れることを学ばなければならない
古い家具に学ばねばならない
リンゴの木に学ばねばならない
石の上のトカゲに、用心深さを
モンシロチョウに、時の静けさを
馬の、眼差しの深さに学ばねばならない
哀しみの、受けとめ方を学ばねばならない
新しい真実なんてものはない
自由に必要なものは、ただ誠実だけだ（34〜36頁）

10月―1
『フランス組曲』を読む
―映画を観るような経験―

２０１２年の秋に『フランス組曲』（野崎歓・平岡敦訳、白水社）が出版された。やわらかな響きのするタイトルだが、第一部「6月の嵐」は、ドイツ軍の侵略を恐れてパリを脱出する多数の市民を描いた「戦争もの」である。全体で五部の大作が構想され、第二部の「ドルチェ」（音楽用語で、「甘い感じで」という意味）までしか書かれなかったが、後世にまで残る傑作となった。小説を読む幸福が味わえる一冊である。

この本の著者イレーヌ・ネミロフスキーは、１９０３年にキエフで生まれ、ロシア革命の後に一家でフランスに移住したユダヤ人である。第二次世界大戦が勃発し、夫、娘ふたりと地方の田舎町に避難したが、１９４２年にドイツ警察の命令を受けたフランス人憲兵によって逮捕され、アウシュヴィッツに送られて殺された。一年後に、夫も同じ運命をたどった。彼女は娘に形見として膨大な原稿を残した。近い将来の死を予測して、緊迫した状況下で書きつづられたものだ。父は長女にこういい残したという「決して手放してはいけないよ、この中にはお母さんのノートが入っているのだから」（552頁）。長女は逃亡生活のなかでも、ノートの入った小型の重いトランクを手元から離さなかった。

この原稿は、60年以上の歳月をへて出版された。「20世紀フランス文学のもっともすぐれた作品のひとつ」と評価され、２００４年に死後受賞としては初のルノードー賞（ゴンクール賞、フェミナ賞などと並ぶ文学賞のひとつ）を受賞した。全世界で約３５０万部という売りあげを記録しているという。

『フランス組曲』の第一部と第二部は、1940年の11月から、逮捕されるまでの一年半あまりで書かれた。ドイツ軍による占領下という事態に翻弄され、右往左往した身近な人物たちの行動が描きだされている。非常時には、平時には見えない人間の心がむきだしになる。けだかいもの、いやしいもの、あらあらしいもの、おぞましいものが見えてくる。ネミロフスキーは、戦争という状況下でうごめく人間のふるまいになによりも強い関心をよせて描いた。

しかし、それだけではない。1942年の6月のノートにこうしるされている。「決して忘れてならないのは、いつか戦争は終わり、歴史的な箇所のすべてが色あせる、ということだ。1952年の読者も2052年の読者も同じように引きつけることのできる出来事や争点を、なるだけふんだんに盛り込まないといけない。トルストイを読み返すこと。その描写は他の追随を許さない。歴史的ではない描写。私が特に力を入れるべきなのもそこだ」（492頁）。目の前でおきている歴史的な出来事に対峙する小説家の覚悟が、トルストイの『戦争と平和』を意識して書きとめられている。戦争を傍観しえたトルストイとは異なり、「燃え上がる溶岩の上で仕事をしている」（557〜558頁）と自覚していたネミロフスキーは、いま経験していることを「あたかも百年前の出来事であるかのように眺めなければならない」（557頁）と自戒している。作家ならではの距離感覚だ。

ネミロフスキーは、映画的な手法に興味をもった作家であるが、『フランス組曲』にはそれが存分に活かされている。「1 戦争」は、開戦以後、はじめて爆弾を落とされた日の翌朝のパリ市民と街の描写から始まる。まるで映画を観ているかのように、目の前に映像が浮かんでくる。パリの街はこう描かれる。「警戒警報が鳴り響く。消灯は行き渡っていた。だが、六月の澄んだ黄金色の空の下では、どの家、どの通りも見とおせた。セーヌ川はあらゆる光のかけらを寄せ集め、それを多面鏡のように百倍にもして反射するかのようだった。覆いの不十分な窓、薄暗がりの中できらめく屋根、かすかに輝く扉の金具の尖端、なぜかほかのところより長く灯っている赤信号。セーヌ川はそれらの光を引き寄せ、つかまえ、波間に戯れさせた」（10頁）。

この作品では、人間のふるまいが透視されるだけではない。自然の移ろいや動物たちへのまなざしもこまやかだ。「六月の夕べの優しい光は、あたりに広がったまま消えようとしなかった。それでも刻々と光は揺らめきながら弱まり、微かになっていき、あたかも毎瞬、大地にむかって名残惜しげに愛情を込めて別れを告げているかのようだった。窓際にすわった猫は、物悲しい様子で澄んだ緑の地平線を眺めていた」（21頁）。第20章は全体が猫へのオマージュであり、ところどころで作者が雄猫に変身して筆を進めている。「雄猫は半ば目を閉じて、自分が強烈な甘い匂いの波にひたされるのを感じていた。それは最後まで咲き残った少しばかり腐敗臭のするリラの花の匂い、樹木をめぐる樹液の匂い、暗く新鮮な土の匂い、獣、鳥、モグラ、ハツカネズミなど、あらゆる獲物の匂い、毛や血の放つ麝香のような匂いであり、とりわけ血の匂いだった……」（139頁）。

第28章では、ジャンヌがつぶやく。「私たちはいま、恐ろしい状況にいるのよ。まるで大きな穴にむかって進んでいるようなもので、逃げようのないまま、一歩ごとに距離は縮んでいく。耐えがたいわ」（232頁）。彼女は憤然と叫ぶ。「いったい苦しむのはどうしていつでも私たちなの？　私たちのような人間、普通の人間、しがない庶民ばかりが苦しまなければならないの？　戦争になって、フランが下がって、失業だの危機だの革命騒ぎだのが起こっても、ほかの人たちはうまく切り抜けている。私たちだけがいつでも押し潰されるんだわ。なぜなの？　私たちが何をしたっていうの？　私たちがすべての罪をあがなわなければならないのよ」（233頁）。

第二部の「ドルチェ」は、ドイツ軍に占領された町での人々の日常や、ドイツ軍兵士とのかかわりを描いたものである。町のいたるところには、夜間外出や火器所持の禁止などを告げる貼り紙が張られ、「違反者は死刑に処す」という警告文が二重線で強調されている。敵を恐れ、憎む人もいれば、本音を隠して愛想よくふるまう人もいる。男たちが戦地にかりたてられて不在となった町で、ドイツ兵に惹かれる娘も出てくる。「ドルチェ」の核となるのは、リュシルというフランス人の既婚女性とドイツ兵ブルーノのつかのまの恋とその終わりである。ふたりの感情の揺れ動きが巧みに描かれている。ブルーノの弾くピアノ曲にリシュルが感応する場面が切なくも美しい。戦後のフランスではタブーとされたテーマだ。第22章では、戦争を見つめる作者の人間観が語られる。「だれもが知るように、人間とは複雑な存在だ。いくつにも分裂していて、ときには思いがけないものが潜んでいる。けれども人の本質が見えるには、戦争という時代、大きな激動の時代が必要なのだろう。それはもっとも情熱を掻き立て、もっとも恐ろしい光景だ。もっとも恐ろしいというのは、より真実の姿だから。海を知っているると自負するには、穏やかなときだけでなく嵐の海も見なければならない。嵐のなかで人間を観察した者だけが、人間の何たるかを知りえるのだ。その人だけに、己の何たるかがわかる」(469頁)。

ネミロフスキーはアウシュヴィッツから生きてフランスに戻ることはなかった。強制収容所での実態や、極限状況における人間の行動や心理を描いていまも読みつがれるものには、ヴィクトール・E・フランクルの『夜と霧』(新版、池田香代子訳、みすず書房、2002年)や、エリ・ヴィゼールの小説『夜』(新版、村上光彦訳、みすず書房、2010年)などがある。『夜と霧』は、「20世紀を代表する一冊」とも評される。若いときにぜひ読んでほしい。プリーモ・レーヴィの『アウシュヴィッツは終わらない　あるイタリア人生存者の考察』(竹山博英訳、朝日選書、1980年)も、人間を見る目を鍛えてくれる。序のあとに「若者たちに」というメッセージが加えられている。ドイツ政治思想史に詳しい宮田光雄の『アウシュヴィッツで考えたこと』(みすず書房、1986年)もおすすめの一冊である。

10月—2
作家の想像力
——別の世界へ扉がひらく——

スペインの作家、R・S・フェルロシオ（1927〜）の『アルファンウイ』（渡辺マキ訳、未知谷、2009年）は、色彩感にあふれる豊かなファンタジー小説だ。「アルファンウイ」は、少年がグアダラハラで剥製をつくる親方に弟子入りしたときに与えられた名前だ。「その名前はイシチドリがお互いに呼び交わす時の鳴き声なんだよ」（16頁）。最初は耳になじまない名前も、この愉快な本を読んだ後では、長く記憶に残るものとなる。独特な画風で知られるスズキコージの絵が楽しい。カバーをのぞいてはカラーでないのが残念だが。

この本は、フェルロシオ25歳の時の処女作である。彼は、1955年に『ハラマ川』を出版した後、約30年間沈黙し、その後活発な文筆活動を続けた。その功績に対して、2004年にセルバンテス賞が与えられた。

この本の冒頭にこう書かれている。

俺の頭の中に駆け巡っていた狂気、
またカスティージャではすっかりおなじみであった狂気、
その種は、お前のためにもう播かれてあるんだよ。
お前のために書かれたこのカスティージャの物語は、

まことしやかなうそで一杯なんだから。

『アルファンウイ』は、現実の世界とは相容れないもの、社会から閉めだされたものが生き生きと動くおとぎ話だ。うそだらけの世界だが、読み始めると止まらない。だれも読めないアルファベットを書くという理由で教室から追放された少年の経験が面白く描かれている。少年は風見鶏と話し始め、ある日、「一緒に地平線に向かって窓から飛び出し」（13頁）、冒険が始まる。その後も、幻想的な冒険が続いていく。

全編にみなぎる色彩のイメージがすばらしい。訳者はおしまいに、「『この作品を水に浸したら、イマジネーションが水中に溶けだし、今まで誰も見たこともないような色彩の爆発が起こる』」（202頁）という作家ラウラ・ガジェゴのことばを引用している。〈雨の緑〉〈雨の降っていない時の緑〉〈影の緑〉〈光の緑〉〈太陽の緑〉〈月の緑〉という、自然との交感によって表情を変える生きた緑の分類が繊細で美しい（192頁参照）。「死ぬと暗くなる緑、明るくなる緑、茶色や赤や黄色に変わる緑もあった。また、死ぬとガラスの薄い板のように透明になる、とてもデリケートで、はかない緑もあった」（193頁）。野外で濃密な緑の変成を見つめる経験が反映されていて、印象深い表現だ。

エンディングが圧巻である。

「アルーファンーウイ、アルーファンーウイ、アルーファンーウイ」

雲が切れ始めた。小雨は太陽に染まり、虹色になった。イシチドリたちはまだ少し、日の照りながら雨の降る下で飛んでいた。雨がやむと霧のかなたに行ってしまった。止まったり飛び立ったり、そのたびごとに大きな輪を描いて少しずつ行ってしまった。空はどんどん広がった。アルファンウイはイシチドリがいなくなるのを見、自分の名前も聞こえなくなり、黙ってそのまま坐っていた。雲は切れて隙間から太陽が出た。

アルファンウイは頭の上に大きな虹がかかるのを見た。（196頁）

ティツィアーノ・スカルパ『スターバト・マーテル』（中山エツコ訳、河出書房新社、2011年）は、自分を見捨てた母親に対して手紙を書き続ける孤独な少女チェチリアが、精神的にも空間的にも閉ざされた状態から、音楽の試練をへて広大な世界に旅立つまでの変身と成長の物語である。タイトルのスタバート・マーテルは、13世紀の詩人ヤコポーネ・ダ・トーディが作ったとされる聖母讃歌の一節だ。「悲しみの聖母の祈り」として知られ、パレストリーナ、スカルラッティ、ヴィヴァルディなどが曲をつけている。本書は、2008年にイタリア最高の文学賞として知られるストレーガ賞を受賞している。

舞台は、18世紀のヴェネチア、ピエタ養育院である。この院は、親に捨てられた子供たちの行く末を案じたフランチェスコ会修道士、ピエトロが14世紀に創立したものという。ヴィヴァルディが教師兼作曲家として所属していた。

著者は、かつてのピエタ養育院のなかにあった私立病院の一室で生まれた。「著者ノート」にこう書かれている。「この偶然は私にとって運命のお告げのようなもので、自分とは異なる人物を通して考えるという私の想像力の発端を印すものだった」（167頁）。この本は、スカルパが好む作曲家ヴィヴァルディと、そのもとで音楽教育を受けた孤児たちへのオマージュとして書かれた。

小説は、チェチリアの内省的な独白から始まる。「お母様、真夜中です。わたしは床を抜け出し、ここへきてお便りを書いています。いつものように、今晩もひどい不安に襲われたのです。（中略）わたしはもう、自分の絶望の達人になりました」（3頁）。つづいて少女は、自分自身の死を擬人化した「蛇の髪をした顔」と対話を始める。陰鬱ななかにも軽妙さのまじったやりとりが続く。それが少女の内省に一定の軽さをもたらしているものの、前半のトーンは全体として、暗く、冷たく、重い。

しかし、もうひとつの現実的なやりとりが、その雰囲気を一転させる。半ばから終盤にかけてのクライマックスにあたる部分だ。ジュリオ神父の後任としてやってきた、作曲家兼ヴァイオリン教師をつとめるアントニオ神父の指導が、少女の音楽の才能を目覚めさせる。それまでの自閉的な経験の世界に、ヴィヴァルディが「四季」で描き出したような鮮烈な変化が訪れる。「突風、嵐、雷、稲光。わたし自身を超え、我ながら凄まじい激昂を感じて、わたしは涙を流しました。こんなにも自分が変貌できることにわたしは感動し、不憫に思うことなく、自分に対する憐れみを覚えました。こんなにもさまざまな、こんなにも強いものになれるのに、単純にわたしであることができないことに、涙が出ました。わたしはここにいる、わたしはチェチリア、これがわたし――こう言えることしか望んでいないわたしなのに」(123～124頁)。くすんで、影の薄いわたしから、矜持の心をもったわたしへという自己肯定の道筋が見えてくる。

ヴァイオリンの弦を得るために羊を殺すという経験を強いられたチェチリアは、養育院を脱出して、ギリシアの島々に向かって航海の旅に出る。彼女は、おしまいにこうしるす。「今、自分の運命に向かって行くのは、わたし自身なのだから」(166頁)。

ユベール・マンガレリ『おわりの雪』(田久保麻里訳、白水社、2013年)は、トビを買い求める少年の物語だ。マンガレリは、1956年にフランスのロレーヌ地方に生まれ、高校卒業後、海軍に入隊し、3年間世界各地を就航した。1989年に『綱渡り芸人の秘密』で児童文学作家として出発した。

この小説は、過去を思い出す経験に含まれるあてどなさ、不可思議さ、得体の知れなさ、なつかしさといったものを静かな言葉で包みこんで、そっと手渡してくれる。過去はどんな仕方であれ、思い出すことがなければ現れてこない。しかし、その現れにはくっきりした輪郭はなく、茫漠として、つかみがたい。

『おわりの雪』は、少年によるトビと父と過ごした幼年期の回想だが、記憶の淡い空間に雪の光景や、動物の死が織りこまれて、印象に残る作品である。

11月―1

古典の森を散策してみよう（2）

――パスカルの『パンセ』――

就職活動中の大学生や
悩みを抱えるすべての人へ贈る
パスカルの残した
考えるヒント
Pascal's
Pensées

天気予報で常に耳にする「ヘクトパスカル」は、気圧の原理を発見した物理学者パスカルの名前に由来している。ブレーズ・パスカル（1623〜1662）は数学の才能にも恵まれ、16歳で「円錐曲線試論」を発表した。19歳で、税務監督官としての父親の大量の計算を助けるために歯車式計算機を発明した。これは、コンピューターが普及する20世紀後半まで使用された。晩年には、微分積分学への道を開く功績を残した。

パスカルは、理系の分野でめざましい活躍をしたが、ふたつの別の顔も見せた。モラリスト（人間研究家）とキリスト者の顔である。彼は、社交界に出入りし、人間の活動の諸相を観察し記述する一方で、人々をキリスト教信仰に誘うための数々の断片を書き残した。それらは『パンセ』という名の一冊の書物にまとめられた。何箇国語にも翻訳され、いまなお世界の各地で熱心に読まれ続けている。39歳で病死した。

『パンセ』（前田陽一・由木康訳、中公クラシックス、2001年）は、全部で14章からなる。邦訳は、ⅠとⅡに分けて出版されている。1670年にパリで、未完の書として出版された。『死後、書類の中から見出された、宗教および他の主題に関するパスカル氏のパンセ』が正式の題名である。フランス語の「パンセ」という名詞には、考え、思想、着想などの意味が含まれる。この本の眼目である七章以降は信仰にかかわり、聖書に興味のない人や信仰から遠い人には読みづらいが、それ以前の人間学的な章には、一度読めば、生涯記憶に残るような断章が数多い。キーワードは、理性（筋道を立てて考える力）と情念（人間を衝動的な行動へとかりたてる力）という対立する働きである。

だれもがおそらくどこかで読んだり、耳にしたことのあるもっとも有名な断章347を引用してみよう。

人間はひとくきの葦にすぎない。自然のなかで最も弱いものである。だが、それは考える葦である。彼をおしつぶすために、宇宙全体が武装するには及ばない。蒸気や一滴の水でも彼を殺すのに十分である。だが、たとい宇宙が彼をおしつぶしても、人間は彼を殺すものより尊いだろう。なぜなら、彼は自分が死ぬことと、宇宙の自分に対する優勢とを知っているからである。宇宙は何も知らない。

だから、われわれの尊厳のすべては、考えることのなかにある。われわれはそこから立ち上がらなければならないのであって、われわれが満たすことのできない空間や時間からではない。だから、よく考えることを努めよう。ここに道徳の原理がある。（248～249頁）

「人間は考える葦である」。パスカルによれば、人間はもろく、みじめな、葦のように弱い存在である。しかし、人間はよく考えることによって、偉大な存在になることができる。考えることをしなければ、あるいは、よく考えなければ、卑小な存在にもなるということだ。「だから、よく考えることを努めよう」、他方で、パスカルは、しばしばよく考えずに行動する、愚かなことを考えてしまう、邪なことを思い描くといった人間に目を向けている。よく考えることはむずかしい。そのためには、自分の考えていることのレヴェルに注意を払い、吟味する必要がある。考えていることを考える醒めた姿勢が欠かせないのだ。ぼんやりと考えるくらいなら、いっそ考えないほうがましだということになりかねない。

パスカルは、思考にともなうこうした二面性を意識し、断章365のおしまいでこう述べる。「考えとは、その本性からいって、なんと偉大で、その欠点からいって、なんと卑しいものだろう」（258頁）。よく考えるようにつとめればすばらしい、魅力的な存在になりうるが、よく考えることを怠ればみすぼらしい、あわれな存在にしかなれないということだ。思慮深さはふるまいを道徳的なものにする確率が高いが、浅慮はふるまいを非道徳的なものにしかねない。

人間を短絡的な行動や衝動的なふるまいにつれていくのが情念の働きである。情念は、よく考え、先を読んで慎重に行動することを妨げる。情念は、人間を邪欲に憑かれたいきものにする。断章104で彼は言う。「われわれの情念が、われわれに何ごとかをさせるときには、われわれは自分の義務を忘れてしまう」（86頁）。発作的になにかよからぬことをしでかすときには、こんなときにはこうすべきだという自己強制の意識が薄れてしまっているということだ。情念が優勢になると、よく考えればけっしてしないことが、やすやすと行われてしまうのである。

こうした相対立する傾向を注視したパスカルは、断章412で人間を戦争と関連づけて述べている。


理性と情念とのあいだの人間の内戦。

もし人間に、情念なしで、理性だけあったら。

もし人間に、理性なしで、情念だけあったら。

ところが、両方ともあるので、一方と戦わないかぎり、他方と平和を得ることができないので、戦いなしにはいられないのである。こうして人間は、常に分裂し、自分自身に反対している。（281頁）

引き裂かれた人間のイメージである。パスカルの目には、人間はおのれの内部に理性と情念の内戦を抱えこみ、両者の間で分裂した存在と映る。しばしば外敵との戦争に明け暮れる人間の内部で、実はもうひとつの戦争が繰りひろげられているのだ。この内戦においては、「こうすべきだ、こうしなければならない」という理性的な義務の意識が希薄になり、「〜したい、〜が欲しい」という情念的な欲望がむきだしになる。その露出が他者との戦争を招くこともある。人間は、内的にも、外的にも、まさに戦いなしには生きられないのである。

物理学者として、いわば望遠鏡と顕微鏡の視点をかね備えていたパスカルは、人間の外部と内部に、それぞれ無限に広がる宇宙を見いだしていた。理性と情念の間で引き裂かれ、内戦状態を生きる人間は、同時にふたつの無限の間でも生きている。このヴィジョンは、断章72のなかで、鮮烈な言葉で表現されている。

そもそも自然のなかにおける人間というものは、いったい何なのだろう。無限に対しては虚無であり、虚無に対してはすべてであり、無とすべてとの中間である。両極端を理解することから無限に遠く離れており、事物の究極もその原理も彼に対しては立ち入りがたい秘密のなかに固く隠されており、彼は自分がそこから引き出されてきた虚無をも、彼がそのなかへ呑み込まれている無限をも等しく見ることができないのである。（47頁）

ふたつの無限の間で生きる人間の、宙づりになった不安定な位置が凝視されている。この断章は、「人間はどこからきて、どこにいくのだろう」という答えの出ない問いをつきつけてくる。中間的存在としての人間の定めなさを描いた章である。

断章115では、パスカルの視線は内なる無限へと向かっている。平明なことばで奥行きの広がる世界が描かれている。

人間は一つの実体である。しかしもしそれを解剖すれば、いったいどうなるだろう。頭、心臓、胃、血管、おのおのの血管、血管のおのおのの部分、血液、血液のおのおのの液体。

都市や田舎は、遠くからは一つの都市、一つの田舎である。しかし、近づくにつれて、それは家、木、瓦、葉、草、蟻、蟻の足、と無限に進む。これらすべてのものが、田舎という名のもとに包括されているのである。（92頁）

顕微鏡によって内部の無限を映しだすクローズアップの手法が先取りされている。わずか数行に、「一即多、多即一」の真理が捉えられている。

パスカルの残した断章の数々は、「考えるヒント」としてわれわれに贈られている。パスカルに共感して考えるにせよ、逆らって考えるにせよ、人間と自然の刺激的なヴィジョンを伝えるパスカルのことばはいまも魅力的である。

野田又夫『パスカル』（岩波新書、１９５３年）は、世に出て久しいが、いまでも古びていない。パスカルの生涯と時代背景、その文理両面での活躍や宗教論の細部を知るためには有益な一冊である。著者は青年期に断章３４７をはじめて読んだときのことを振り返って、「大変切なく胸を突かれるように感じたのをいまも忘れない」（３～４頁）と述べている。その理由は、ただひとことこう書かれている。「それは『考える葦』という言葉の魅力であったろうか」（４頁）。

吉永良正『『パンセ』数学的思考』（みすず書房、2005年）は、《理想の教室》第一回シリーズの一冊。『パンセ』に数学的な思考の展開を見る著者は、「考える葦」「永遠の沈黙」「人間の不釣り合い」「虚無と無」「賭け」といった断章を最新の宇宙論やフラクタル理論などとむすびつけて興味深い考察を繰りひろげている。

著者は、15歳の春にはじめて『パンセ』を読み、その後も5年、10年をおいては何度も読み返してきたという（104～107頁参照）。「パスカルが好きという人の多くは、専門家にかぎらず、だいたい一五歳から一八歳くらいのあいだに『パンセ』と出会っているようです。それよりも若すぎるともちろんですが、あまり年をとりすぎてから読んでも、一生、記憶に刻まれるような感動は得られにくいのかもしれません」（106頁）。読書にも旬の季節があるという説だ。同感である。知の旅が始まる思春期にパスカルを読む経験は、おそらく後々まで深い痕跡を残すことだろう。

11月―2

暗い時代を疾走した女性

―シモーヌ・ヴェイユの『重力と恩寵』の世界―

アンドレ・モーロワが「世界中でもっとも美しい本のひとつ」と評した『幸福論』(岩波文庫、1998年)を書いたアラン(1868〜1951)は、教室でシモーヌ・ヴェイユ(1909〜1943)に哲学や文学を教えた。アランは、その教え方のスタイル、教える内容を通して生徒に強い影響を与え続けた人のひとりとして知られる。『幸福論』には、幸福についての93のプロポ(断章)がおさめられている。「92 幸福にならねばならない」では、こう書かれている。「幸福になろうと欲しなければ、絶対幸福になれない。これは、何にもまして明白なことだと、ぼくは思う。したがって、自分の幸福を欲しなければならない。自分の幸福をつくり出さねばならない」(312頁)。アランは、「幸福への意志」をもつことを、誰よりも強くわれわれに促した。幸福は、棚からぼたもち式に与えられるものではなく、強い意志によってはじめて獲得できると考えたのである。

ヴェイユは、幸福を自分で工夫して作りだせるものと考えた師とは逆の方向から現実を見つめ、不幸を中心問題のひとつに据えた。彼女にとって不幸とは、厳しい条件のもとで過酷な労働を強いられ、虐げられて苦しむ労働者たちの現実にかかわるものだった。彼女の不幸のヴィジョンは、たとえば、こうしるされる。「不幸があまり大きすぎると、人間は同情すらしてもらえない。嫌悪され、おそろしがられ、軽蔑される」(14頁)。「この世の生き地獄。不幸の中にあって、すっかり根をもぎとられている こと」(53頁)。不幸がひろがる社会の改革への志向と、「この世に不幸な人がいる限り、私は幸福にはなれない」という心情は通底していた。宮沢賢治との親近性が感じられる。

ヴェイユは、アンリ四世高等中学校でアランに学び、ギリシア哲学に目覚めた。20代の彼女は、女子高校の哲学教師として、受験とは無縁の授業をして当局ににらまれ、高校を転々とした。その一方で、労働組合運動や平和運動に積極的にかかわり、集会やデモにも参加した。ナチスの台頭し始めたドイツに行き、報告記を書き、スペイン内戦に参戦し、かろうじて死をまぬがれた。彼女はまた、休職期間中に工場労働を体験して、過酷な現実のありさまを『工場日記』にまとめた。その後、キリストの現存を感じるという神秘的な体験が、宗教的な思索を深めるひとつの契機となった。

1940年のパリ陥落、ユダヤ人排斥法の発令により、マルセイユに避難した後、アメリカに亡命した。しかし、フランスでのレジスタンス参加への意志が固く、いったんロンドンに留まり、入国の機会をうかがった。その間、寸暇を惜しんで執筆を続け、無理がたたって倒れ、栄養不良と急性肺結核がもとで亡くなった。年譜の最後にはこうしるされている。「医師の熱心な説得にもかかわらず、食物を拒否、飢餓にひとしい状態におちいり、8月24日夜死ぬ」（377頁）。自分の存在を無にしたい、自分を否定したいという意識をもった過去が、彼女の最期の死のかたちとむすびついているように思われる。

ヴェイユは、1942年にマルセイユを離れる直前に、それまで書きためた10冊ばかりのノートを世話になったギュスターヴ・ティボン神父に渡した。それらは神父による編集をへて、『重力と恩寵』

（田辺保訳、ちくま学芸文庫、1995年）として1947年に出版された。ブランシュヴィクの編集によって世に出たパスカルの『パンセ』と事情がよく似ている。両者とも、未完の断片が一定の編集方針のもとで本に仕あげられたものである。

「愛は重力である」と述べて、「重力」を人間に関する思索のキーワードにしたのはアウグスティヌスである。ヴェイユはこうしるす。「たましいの自然な動きはすべて、物質における重力の法則と類似の法則に支配されている。恩寵だけが、そこから除外される」（9頁）。ふたりとも、人間において働く力に注目している。

『重力と恩寵』は、「こんな問題を、こんなふうにして、こんなところまで徹底的につきつめて考えるひとがいるのだ」と驚かずにはいられない断章がつまっている。ティボン神父がつけた項目の一部をしるしてみよう。「重力と恩寵」「真空を受け入れること」「執着から離れること」「消え去ること」「愛」「悪」「不幸」「暴力」「十字架」「清めるものとしての無神論」「注意と意志」「中間的なもの」「大怪獣」「労働の神秘」などである。各断章は長短さまざまだが、胸につき刺さってくるものが多い。その一例をあげよう。他人との関係のなかでだれにも訪れる一瞬のエゴイスティックな情念、それへの悔恨と内省が、対人関係のもつれについての省察へとつながっている。

わたしは、頭痛の折りふしに、発作がひどくなると、ほかの人のひたいのちょうど同じ部分をなぐりつけて、痛い目にあわせてやりたいとつよく思ったものだ。このことを忘れないこと。

これに似た思いは、人間において、じつにしばしば起こるものだ。

そんな状態のとき、わたしはなぐりはしなかったものの、人を傷つけるような言葉を口にするという誘惑に負けてしまったことが何度もある。重力に屈してしまったこと。最大の罪。こうして、言語の働きがそこなわれる。言語の働きは、ものとものとの関係を表現することであるというのに。（11頁～12頁）

21歳のヴェイユを急に襲った激しい頭痛（潜伏性副鼻腔炎）は、その後もたびたび彼女を苦しめた。その身体的な苦痛の経験は、どん底で苦しむ人間たちへの共感と重なって、彼女の思索に深い陰影をもたらした。

他方で、他人は、慎重にかかわるべき、あくまでも自分とは異質の存在でもあった。「読み」のなかで、こうしるされる。

他人とは、その人がすぐそこにいる場合（あるいは、その人のことを考えている場合）に、自分が〈読み〉とっているものとは別なものだということを、つねに認める心がまえでいること。でなければ、むしろ、その人は自分が〈読み〉とっているものとは、確かに別なもの、おそらくは全然別なものであることを、その人において〈読み〉とること。（218～219頁）

　他人を自分の狭い尺度をあてはめてわかったと思うこと、他人が自分の理解の尺度を超えた存在であることがわかること、他人を他人に即してわかること、その違いが示唆されている。他者との関係において生ずる理解と誤解の断面が切りとられており、自己と他者の省察へといざなわれる。

　シモーヌ・ヴェイユは未来の思想家である。彼女の思想が理解されるためには多くの年月を必要とするだろう。フランスではシモーヌ・ヴェイユ全集が刊行中である。日本では、現在、『シモーヌ・ヴェイユ選集Ⅰ　初期論集：哲学修業1925〜1931』（2012年）と『シモーヌ・ヴェイユ選集Ⅱ　中期論集：労働・革命1931〜1936』（2012年）がみすず書房から出版されている。後期の論集、霊性・文明論をおさめたⅢで完結する。シモーヌ・ヴェイユを論じたものとしては、選集の訳者でもある冨原眞弓『シモーヌ・ヴェイユ』（岩波書店、2002年）がおすすめである。戦争と反ユダヤ主義の時代に生きたユダヤ系女性の生涯と思想の変化を丹念にたどる力作である。伝記としては、ジャック・カボー『シモーヌ・ヴェーユ伝』（新装版、山崎庸一郎他訳、みすず書房、1990年）が読み応えがある。この本の最後は、教え子の死を知らされたアランの言葉で終わっている。「それは嘘だ。彼女は戻ってくる。そうじゃないかね？」（454頁）。

12月――1 『風姿花伝』と『花鏡』

――世阿弥の意志と戦略――

世阿弥（１３６３～１４４３頃）が生まれて６５０年。能は、今日では高級な古典芸術として、伝統の重い鎧を着ておごそかに演じられる。観客の側にも、能が広く認められた高尚な芸術であるという暗黙の前提がある。ところが、世阿弥の生きた時代、能は「立合」という形式のもとで、何人もの役者によって競われる真剣勝負の舞台であった。客を魅了し、客の評価に耐えるものだけが生き残り、つまらないと見なされた役者は敗れさる、一種の戦場であった。能は、ざわつく雰囲気のなかで始まることもあれば、静かに始まることもあった。行儀の悪い観客もいれば、そうでない観客もいた。世阿弥は、その時々の観客の気配を察知し、戦略をこらして観客を魅了する芸をつくりあげることに生涯を賭けた。

『風姿花伝』と『花鏡』（『風姿花伝・花鏡』小西甚一編訳、たちばな出版、２０１２年）は、世阿弥が能を受け継ぐ自分の息子や弟子のために残した秘伝である。前者には、30代後半の世阿弥が父親の稽古を通して学んだことが多く書かれている。後者には、それ以後の体験にもとづく世阿弥自身の能楽観や能楽の作法・心得についての記述が目立つ。

『風姿花伝』は、「序」で申楽の起源とその後の歴史を手短に語るところから始まる。理想の役者、役者の心得がつけ加えられる。「言葉いやしからずして姿幽玄ならんを、享けたる達人とは申すべきや。まず、この道を至らんと思はん者は非道を行ずべからず」（13頁）。小西はこう訳している。「ことばが上品で姿の優美な者を、天成の達人と言うべきだろう。まずこの申楽の道でりっぱな役者になろうと思う者は、本職以外の道に手を出してはいけない」（11〜12頁）。おしまいに、「好色・博打・大酒」が三重の戒めとして明記されている。大成を望む者への忠告は、いまも昔も変わらない。

「風姿花伝第一年来稽古条々　上」では、7歳から50歳以後までの年齢に応じて練習すべきことが簡潔にしるされている。17、8歳からは、人に笑われようとも頓着せず、ひたすら練習を重ね、大願を心に抱き、いまが瀬戸際だと覚悟して臨むことが大切だと説かれている（19〜20頁参照）。「24、5歳」に能の練習の核心をつく文章が現れる。「時分の花を真の花と知る心が、真実の花になほ遠ざかる心なり」（24頁）。小西の訳をしるす。「一時的な花を、真の花であるかのように思いこむ心が、真実の花からいよいよ遠ざからせる心がけなのだ」（22頁）。うぬぼれを戒める一文である。「花」は世阿弥のキーワードだ。能の奥儀は、花を究めるという一点にある。世阿弥によれば、時分の花、声の花、愛らしさの花などはいつか散る定めにあるが、真の花は、咲くのも散るのも心しだいである（90頁参照）。心で学ぶことによってのみ、真の花、不滅の花を咲かせることができるというのだ。

『花鏡』は、世阿弥の精神論と身体論である。能とはなにか、能において心と身体をどのように働かせるのかについて、実践にもとづいて語られている。「一調・二機・三声　音曲開口初声」（声の調子を「気」のなかにこめて声を出すこと）「動十分心、動七分身」（心を十分に働かせ、身体を七分に動かすこと）「先聞後見」（まず聞かせ、後で見せるようにすること）と、いずれも実に興味深い心身論が続く（221〜239頁参照)。「舞声為根」では、能を舞うときの注意が書かれている。役者は、自分の芸を自分の目で見るだけでは十分でなく、観客の目でも見る必要がある。自分が見つめる自分も、観客が見つめる自分も自分である。世阿弥はこう書く。「わが姿を見得すれば、左右前後を見るなり。しかれども、目前左右までをば見れども、後姿をばいまだ知らぬか。後姿を覚えねば、姿の俗なる所をわきまへず」(241頁)。小西はこう訳している。「自分の眼で自分の姿を見れば、目前と左右とだけは見られるが、後姿はわからない。自己の後姿が感じとれなければ、たとえ姿に洗練を欠く点があっても、よくわからない」(240頁)。観客は、自分の見ることのできない後姿を見て、自分の知らない姿を見つめている。その姿を知らなければ、舞は不十分なものにとどまる。

自分の前姿と後姿を見て舞を評価している観客の視線を自分のものにする操作が、有名な「離見の見」である。「いつも離見の見をもって、観衆と同じ眼で自己の姿をながめ、肉眼では見えない所までも見きわめて、身体ぜんたいの調和した優美な姿を完成しなければならない」(240頁)。「どこまでも、離見の見ということをよく理解体得し、『眼は眼自身を見ることができない』筋あいを腹に入れて、前後左右を隈なく心眼で捉えるようにせよ。そうすれば、花や玉のように優美な芸の理想境に到達することは、はっきり立証されるであろう」(同頁)。観客にはよく見えている自分の背中を心眼で捉えることが、洗練された舞に通じるという見方である。肉眼で見えないものを心眼によって観る、文章は理解できても、その内実をつかむことは容易ではない。

この見方は、われわれのふるまいにもあてはまる。シェイクスピアにならって言えば、この世界は舞台であり、われわれひとりひとりが役者である。それぞれの役者に課せられているのは、世阿弥の言うように、自分で自分のふるまいを見るだけでなく、他人に見られている自分の姿をつかんで生きることである。とはいえ、どちらもたやすくできることではない。自分で自分の姿を捉えることはむずかしいが、他人が自分をどう捉えているのかを知るのはいっそうむずかしい。自分と自分の間にも、自分と他人の間にも、見えない壁がある。しかし、それゆえにこそ、なんとしても見えないものを観る工夫がいるのだ。

「こどもは親の背中を見て育つ」とも言う。親子であっても、対面状況においてはお互いに身構えてしまうために、交わりにヴェールがかかる。しかし、正面にだれもいないときの人の後姿には、警戒心や緊張が溶け、隙ができて、その人の裸の姿が映しだされる。背中に心の風景や本音の姿が現れてくるのだ。だからこそ、こどもは、しばしば親のことばからよりも、親の背中から肝心なことを学ぶのである。世阿弥のことばを再度しるす。「後姿を覚えねば、姿の俗なる所をわきまへず」（241頁）。自分の後姿が感じとれなければ、いやしい格好をして生きていても、自分にはわからない。しかし、他人には、それがはっきりとわかるのだ。世阿弥が語る背中論は、能以外の人間世界でも通用している。

土屋恵一郎の『世阿弥の言葉　心の糧、創造の糧』（岩波現代文庫、2013年）は、『処世術は世阿弥に学べ！』（2002年）の補筆改訂版である。もともとはビジネスパーソン向けに書かれた本らしいが、高校生や大学生も興味深く読める本である。身体芸術に関する世阿弥のことばの解読がやさしく、ていねいである。

「序」で、「能の舞台で、私は四方から引かれる力のなかに立っている」という観世寿夫のことばと、世阿弥の「舞を舞い、舞に舞われる」ということばがむすびつけられている（5頁参照）。土屋は両者を一文にまとめている。「舞に舞われるとは、自分が能を舞うのではなく、四方から沸き立ってくる舞によって舞われるのだ」（同頁）。舞の真髄が見事に表現されている。「序」はこう締めくくられる。「言葉をもつ。世阿弥はそれを実践して、なおかつ今も、私たちの心へ風とともに心の花を伝えているのだ」（7頁）。

世阿弥の生涯は、能を極めるための心身論の構築と実践についいやされたが、他方で労苦にもまみれた。息子には先立たれ、最晩年には、足利義教によって佐渡島に追放された。

土屋は、一方で能にうちこみ、他方で俗世の苦難に翻弄された世阿弥の生の軌跡を視野におさめながら、世阿弥のことばの含蓄をわかりやすく説いている。世阿弥の生き方、考え方を知るには格好の一冊である。

『能はこんなに面白い！』（小学館、2013年）は、観世流家元の観世清和と武道家の内田樹の対談を中心にしてまとめた本である。能の稽古を始めて17年という内田が、「自分の身体で今起きている前代未聞の経験」（あとがき）にもとづく独自の身体論を軸にして、観世と楽しく、生き生きと語りあっている。タイトルにうそ偽りはない。能楽とは無縁なひとをひきつける魅力的な入門書である。

巻頭対談では、大抵のひとがはじめて能を観たときには途中で寝てしまうという話が出てくる。「チューニングが合うまでは舞台の上で、いったい何が行われているのかわからない」（5頁）。だから、退屈になり、ついこっくりすることになる。能がわかるまでには時間がかかる。忍耐も必要になる。

「はじめに」で観世はこう述べる。「弱者の声に耳を傾けて、かつて彼らが生きた時間をひととき舞台の上に甦らせ、その生命の輝きを讃えるのです。悲しみを鎮め、明日への力となって、常に人の心に寄り添う。能は、鎮魂の芸能であると同時に、生命の讃歌なのです」（17頁）。

第二章「能を生きる」の第一話「武道家の能楽稽古」は、能の稽古にもとづいて能の世界を語る内田の筆が冴えている。「『あってもいいはずのもの』よりも『あるはずのないもの』の方が能舞台の上ではより濃密なリアリティを持つ。それが能楽の演劇としての特権性を基礎づけている。私はそういうふうに考える。能舞台は『存在するはずのないもの』たちこそが正当な居住者であり、存在するものは（演者も見所も含めて）そこに『トランジット』としてしか滞留することが許されない、逆立ちした世界なのである」（119頁）。能は観るだけでなく、身体訓練を通して生きるものだという独自の視点が鮮やかに描かれている。

第三章「能楽ワークショップ」は能楽研究者の松岡心平が加わった鼎談で、世阿弥の能の特徴や、能舞台の特色などについて自由自在に語られていて、思わず話にひきこまれる。

能楽堂はあたらしい経験の場所である。この本を読んで能の世界と出会うひとが増えるのを願う。

12月―2
ディープな都市を探索する
――中沢新一の挑戦――

中沢新一の新作『大阪アースダイバー』（講談社、2012年）が出版された。雑誌『週刊現代』に2010年から2012年まで連載されたものだ。『アースダイバー』（講談社、2005年）の姉妹編である。この本の「エピローグ」で、中沢は学生時代から何度も読み返している本としてルイ・アラゴンの『パリの農夫』をあげてこう述べている。「主人公はパリという大都市そのもの、そのパリを田舎から出てきた農夫のように、詩人は目をいっぱいに見開いて新鮮な驚きで見つめるのである。すると合理的な意識にみたされて、健康な日々の運行にいそしんでいるとみんなが思い込んでいるその都市が、無意識のしめす奇妙な運動に通底器によってつながれて、魔術的な魅惑にみちた一大異空間に変貌を遂げていく」（241頁）。「この『パリの農夫』を読んで以来、東京そのものを主人公として、意識と無意識がループ状につながった詩的な作品をつくりあげることは、ぼくの夢となった」（同頁）。その夢を実現した『アースダイバー』は、東京の過去（古層）から現在にいたる時空間を視野におさめて描いた壮大な交響詩である。

大阪をターゲットにした中沢は、今度は都市の隅々まで歩きまわり、観察力と想像力を巧みに融合させて「プロト大阪」「ナニワの生成」「ミナミ浮上」「アースダイバー問題集」の四部からなる「大阪大ロマン」を仕あげた。中沢の視線は、平地の無数の建物群から垂直に下降していき、大阪の深層に触れて戻ってくる。繰り返される視線の往還によって、大阪という都市の生成の歴史がすかしぼりにされてくる。どんなものにも、動物や植物にもそれぞれ固有な歴史があるように、都市にも歴史がある。「ローマは一日にしてならず」だ。深層の歴史をさぐり、大阪の現在を読み解く中沢のロマンが語られる。

「第一部　プロト大阪」は、大阪と東京の土台の比較で幕が開く。東京の中心部が固い洪積層の上に作られているのに対して、大阪の中心部には堅固な土台が少ない。「生駒山の裾野から広がる大阪平野は、このあたりが開け出した二千年ほど前には、まだ大きな湖（河内湖）の底にあった。上町台地の東西両脇に広がる西成と東成も、その頃はまだ水の底にあった。天満も船場も、その頃はまだ「くらげなす」軟弱な土砂層の上にあって、海水に洗われていたし、ミナミなどは影も形もなかった」（22頁）。上町大地の西と東に、水中から大阪が生成したというのである。「西成」「東成」という地名からは、海から陸へと変成する大阪の姿が想像される。

司馬遼太郎も、「大阪の原形——日本におけるもっとも市民的な都市」（『十六の話』中公文庫、1997年）のなかでこう述べている。「五世紀の当時、いまの大阪市が所在する場所のほとんどは浅い海で、一部はひくい丘陵（現在の上町台地）だった。この丘陵には水流がなく、水田もなかった。従って、農民はほとんど住んでおらず、むしろ漁民の住む浜だった。この上町台地という変形的な小半島のまわりは、古代の港だったのである」（219～220頁）。司馬は、大阪の原形を江戸時代までの歴史をたどりながら、簡潔、明瞭にしるしている。

大阪湾には淀川と大和川から流れこむ大量の土砂が堆積し、長い時間をへて、湾は扇状台地へと姿を変え、その台地の上に、大阪が生成した。中沢は大阪生成の原理をふたつ設定している。ニーチェにならって名づけたもので、ひとつは「南北に走るアポロン軸」（28頁）であり、もうひとつは「東西に走るディオニュソス軸」（29頁）である。前者は「上町台地を中心にして南北に走る太い軸線」（同頁）、「現実の世界の秩序をつくっていく実軸」（41頁）であり、後者は「上町台地から見て東の方向にあたる、生駒山の方向を望む東西の軸線」（同頁）、「想像力を巻き込んで現実の世界とは垂直に交わっている虚軸」（同頁）である。中沢は、原大阪がこれらふたつの軸を自分の骨格に組みこむことによって大阪になったのだという冒険的なヴィジョンを提示している（同頁参照）。

このヴィジョンは、「太陽と墳墓」「四天王寺物語」のなかでも話の展開の核になっている。後者のおしまいで、中沢はこう語る。「深夜の四天王寺の境内を歩くとき、そくそくとしてわきあがってくる、不思議な感動がある。（中略）その寺は、大地と生命と死に向かって、自分を解き放ちながら、夜の大阪に優しい波動を送り続けているのだ。アポロン軸とディオニュソス軸の交わる聖地、四天王寺の境内で、私たちはいまでも、このような大阪スピリットの古層が、この世に露頭しているその現場に、立ち会うことができる」（68頁）。

「第二部　ナニワの生成」は、ナニワの成り立ちを追いかけつつ、同時に商業活動の断面を掘りおこしている。「砂州に育つ資本主義」では、ナニワ近辺で定住せずに活躍し、土地とは「無縁」に行動する商人や商品の誕生について語られる。「超縁社会」では、土地にむすびついて力を発揮する「有縁」原理の圧力に抗して、「超縁社会」を形成する商人の「ミトコンドリア世界」が活写される。以下、「お金と信用」「信用とプロテスタント」「船場人間学」などに関する面白い話が続く。「甦れ、ナニワ資本主義」は、現代批判の文章で締めくくられる。「現代の金融界に跋扈しているディーラーやバンカーたちなどは、船場の商人から見たら、短期利益ばかりを追求して、本物の大局（グローバル）の全体的繁栄を考えない、偽物の商人たちばかりであるように見えることだろう。いきづまった今日の資本主義を再生させることのできる叡智は、この八十島のナニワの、商人世界の歴史の中にひそんでいる」（117頁）。

「第三部　ミナミ浮上」は、この本でもっとも密度が濃い。大阪の現在を過去の歴史から読み解く中沢の筆が冴えている。かつて広大な墳墓地であった千日前界隈には、こんにち、なんばグランド花月という笑いの聖地があるが、中沢は言う。「人類の社会では大昔から、笑いの芸能というものは、生と死が混在する機会や場所を選んで演じられるもの、という暗黙の決まりがあった」（124頁）。吉本芸人のどたばた喜劇が、ネクロポリスの放つ地下のエネルギーからパワーを得ているのだとすれば、過去は現在に生きていることになる。「千日前法善寺の神」は、萬歳の起源をたどりながら、漫才へと姿を変えていく歴史を追跡している。締めくくりで、中沢の失望と期待が語られる。「いまから八十年前に、千日前の寄席にはじめて出現した、現代の神秘は、もはやいまの漫才のなかには、宿っていないのかもしれない。（中略）私は狂おしく、つぎの時代の漫才、つぎの世界の神秘の器である、おそらくは別の形をしているにちがいない、来るべき『漫才』を求めている」（150頁）。「すばらしい新世界」は、ディープな都市大阪の最深部を丹念に描きだしている。「死とエロティシズム」という原理と新世界がむすびつけられていて興味深い。ふところの深い都市である大阪への共感はつぎのように語られる。「俊徳丸から産業プロレタリアまで、大阪はつねに、有産・有縁の社会の外に押し出された人々が、ぎりぎりの生活条件とはいえ、ともかくも生存していくことのできる大きな受容器を、都市のなかにセットし続けたのである。愛隣的空間の存在は、じつにミナミの栄誉である、とアースダイバーは思う」（178頁）。

都市の成り立ちを知ることは、その都市をこれほどにも魅力的に見せるものだろうか。本書を読んだひとにとって、大阪という町はそれまでとまったく異なった相貌のもとに現われてくるにちがいない。

1月——1

悠久の歴史

——中国の漢字と詩に親しもう——

学校では漢字の読み書きを長期にわたって学ぶが、漢字という象形文字の成り立ちはごく一部しか教わらない。漢字の歴史はおよそ3300年に及ぶという。エジプトの「ヒエログリフ」（神聖文字）をはじめ、「シュメール文字」（楔形文字）や、クレタ島などで発掘された「線刻文字」はとうの昔に滅びてしまったが、今日の日本でも、漢字のない生活は考えられない。しかし、漢字の起源に興味をもって学び、その由来の一端でも理解しているひとはそう多くはいないだろう。漢字の成り立ちを知ると、漢字の見方が変わり、漢字のもつ奥深さが見えてくる。

中国の漢詩には、四季折々の風景との交歓や、自然の美しさ、身体の老い、家族愛といった個人の感興を詠ったものから、文化や歴史をひろく概観したものまである。いずれにも、中国人に固有の感性や思考がきざみこまれている。五言絶句、七言絶句、七言律詩といった漢詩のスタイルは、感情や思考の一瞬の変化をあざやかに凝縮して美しい。漢詩に現れる、ときに顕微鏡的で、ときに望遠鏡的なまなざしは、人間や自然、歴史の断面を凝視している。

白川静監修、山本史也著『神さまがくれた漢字たち』（イースト・プレス、2011年）は、漢字を学ぶ喜びを教えてくれる一冊である。白川は「序文」の終わりをこう締めくくっている。「どうか、この本で、そのゆたかな『漢字』の世界を作りあげてきた中国の人々の想像の跡と、それを、みごとに受け入れてきた日本の人々の苦心の跡を、たずね確かめ、そうして、確かめ得たことを、周囲の人たち、また次代の人たちにも伝えていってくださいますように」（5頁）。山本は、第一章「初めの物語」でこう述べる。「文字は、人々がその時代の社会や生活の切実な求めに応じて、年月を費し、心を尽くし、工夫を凝らして、つくりあげたものです」（11頁）。「一字一字の漢字には、中国古代の人々の祈りや思い、また信仰や認識のあとが深々と刻印されているはずなのです」（15頁）。山本によれば、当時の人々は、揺籃期の漢字のうちに一定の規律や秩序を認め、それに慣れ親しんでいたが、古代人の感覚を失ったわれわれは、一字一字を単独の記号として扱い、あわただしく記憶することを強いられているかのようである（23頁参照）。それぞれの漢字のつながりが忘却されているのである。「古代の人々の漢字に寄せた思いの深さを丹念に手探りしてゆくこと」（24頁）を通して、漢字の原初の姿を開示するためにこの本は書かれている。この章では、山本はまた、亀の甲羅や動物の骨などにきざまれた「甲骨文字」「甲骨文」が、神と人々を媒介する王が神と対話するために創造されたものだと推測している（15〜19頁参照）。

第二章「からだの物語」では、人、目、耳、首、足、手といった漢字の成り立ちが興味深く書かれている。面白さ満載の章である。この章を読めば、それ以後の漢字に対する見方が変わってしまうだろう。

この本は六章からなるが、いずれの章も読むのが楽しい。同じ著者による『続・神さまがくれた漢

字たち　古代の音』（イースト・プレス、２０１２年）も出版された。あわせて読んでほしい。

井波律子『中国名詩集』（岩波書店、２０１０年）は、井波が唐詩以降に重点をおいて、前漢の高祖劉邦から現代の毛沢東までのすぐれた詩を１３７首選んだものである。井波は、本書にこめた願いをこうしるしている。「総じて、本書に収めた詩篇に共通するのは、時を超えて読者の心にじかに訴えかけ、深い共感をよびおこす、つよい力があることだといえよう。長い伝統の積み重ねのなかから生まれた中国古典詩の精髄を味わうとともに、それぞれの詩篇に刻印された、さまざまな時代や状況のなかを生きぬいた詩人の姿を、実感をもって読みとっていただければうれしく思う」（ｖ頁）。

中国の詩には、自然や生物との交わりを詠うものが多い。そのときどきの感情や知覚が、制限されたスタイルのなかで鮮やかな形象をなしている。一篇あげてみよう。まず、中唐の詩人、劉禹錫の「秋詞」である。井波訳を加える。

自古逢秋悲寂寥　　古より秋に逢えば　寂寥を悲しむ
我言秋日勝春朝　　我れ言うに　秋日は春朝に勝る
晴空一鶴排雲上　　晴空　一鶴　雲を排して上り
便引詩情到碧霄　　便ち詩情を引きて碧霄に到る（16頁）

昔から秋にめぐりあうと、そのさびしい風情を悲しむもの。
私が思うに、秋の季節は春の季節にまさっている。
晴天の日、一羽の鶴が、雲をおし開いて上りゆき、
たちまち詩情を引き誘いながら蒼穹に達する。（17頁）

次は、盛唐の詩人、李白の「静夜思」である。

牀前看月光　牀前　月光を看る
疑是地上霜　疑うらくは是れ　地上の霜かと
挙頭望山月　頭を挙げて　山月を望み
低頭思故郷　頭を低れて　故郷を思う（28頁）

寝台の前に射しこむ月光を見て、
地上におりた霜ではないかと思う。
頭をあげて山の端の月をながめ、
頭をさげて故郷を思う。（29頁）

袁枚による「読書」（1749年）は、中国の詩には珍しい読書論である。「本は読むべきで、本に読

まれてはならない」と説いたショーペンハウアーの考え方と似ている。

我道古人文　　我れ道う　古人の文
宣読不宣倣　　宜しく読むべく　宜しく倣うべからず
読則将彼来　　読めば則ち彼を将って来たらしめ
倣乃以我往　　倣えば乃ち我れを以て往く
面異斯為人　　面異なりて　斯ち人と為り
心異斯為分　　心異なりて　斯ち文と為る
横空一赤幟　　横空　一赤幟
始足張吾軍　　始めて吾が軍を張るに足る　（298頁）

私が思うに、古人の文章は、
主体的に読むべきであり、鵜呑みにしてまねるべきではない。
読むのであれば、向こうを自分のほうに来させることになるが、
まねをすれば、自分が向こうに行くことになる。
顔が異なってこそ、個別の人間となり、
心が異なってこそ、個別の文章となる。

大空に一本の赤い旗印をたなびかせて、
はじめてわが陣営を十分に張ることができるのだ。（299頁）

石川忠久『新漢詩の風景』（大修館書店、2006年）は、「漢詩は世界最高の詩歌である」（iii頁）と信じる石川が、気楽に読める、肩のこらない読み物として書いたものだ。CDがついているので、漢詩の響きにも接することができる。ここにあげるのは、田園詩人として知られる陶淵明の「飲酒」（其五）である。

結廬在人境　　廬を結んで人境に在り
而無車馬喧　　而も車馬の喧しき無し
問君何能爾　　君に問う　何ぞ能く爾るやと
心遠地自偏　　心遠ければ　地自ずから偏なり
采菊東籬下　　菊を采る　東籬の下
悠然見南山　　悠然として南山を見る
山気日夕佳　　山気　日夕に佳く
飛鳥相与還　　飛鳥　相い与に還る
此中有真意　　此の中に真意有り

欲弁已忘言　　弁ぜんと欲すれば　已に言を忘る　(163〜164頁)

人界にありながらも人界にしばられず、自然に遊ぶ詩人の心が雄大な風景のなかに写しとられている。石川の解説に耳を傾けてみよう。「季節は晩秋、時刻は夕暮、籬の下の菊の花を摘み、やおら見上げる目に南の山、たなびく霞に吸われるように連れだち帰る鳥の姿、……悠然たる奥深いものが、胸にシックリ落ち着く心地です。うまいものです。これがすなわち詩人陶淵明のセンスなのです。なにげないようですが、凡人にはちょっと気のつかない情景です」(167頁)。

1月—2

ことばの力

—アジアから・アジアへ—

小説は私たちに生き方を教えてくれる
—タック・ラム、川口健一編訳『農園の日差し』より

大きな書店の「海外文学」コーナーでも、ベトナムやタイの小説や評論にはほとんど出会えない。経済や歴史コーナーには、時代を反映して、アジアの国々の複雑な社会事情や、政治・経済問題を扱った本が目につくが、商業ベースにのらない本は本棚には並ばない。マイナーな本は、ほとんどだれの目にも触れることなく、読まれないままに埋もれさる。だが、どの国にもすばらしい作家や詩人がいて、それぞれの国の問題、時代や人間関係に翻弄される人間の諸相をそれぞれの視点から描きだしている。今回は、ふたりの作品を紹介しよう。

タック・ラム『農園の日差し』（川口健一編訳、財団法人 大同生命国際文化基金、２０００年）は、短編小説と評論を集めたものである。タック・ラム（１９１０〜１９４２）は、ハノイ出身。兄のニヤット・リンの主宰する機関紙「風化」と「今日」の編集に加わると同時に、創作活動を続けたが、肺病のため夭折した。フランス植民地支配下のベトナムで生きる人々を透き通るような文体で描いた。

「新たな日々」は、家族の期待にこたえてハノイで事務官として働き始めたものの、不況のせいで失職した主人公が、田舎に戻って畑作りに精出すまでの物語である。複雑なプロットはなく、強烈な個性をもつ人物が登場することもない。淡々とした筆の運びだ。稲を刈るひとたちの働きぶりや村ののどかな風景の描写に、新鮮な感受性があふれている。

「農園の日差し」は、若い男女のつかの間の恋と別れを描いた小説だ。思春期のふたりの出会いから濃密な感情が芽生えていくまでの過程が、田舎の美しい自然を背景にして、さわやかに、みずみずしく表現されている。

「小説は何のためにあるのか」という評論には、ラムの主張が、なんのてらいもなく、ストレートに示されている。「小説は私たちに生き方を教えてくれる、すなわち、幸福のあり方を教えてくれるのである。生きること！　多くの人は決して小説を読むこともなく、相変わらずいつものように生活し、小説の教訓を待たずに幸福を呼ぼうとする。そのように甘んじてしまっているが、しかし、幸福になるのは難しくないなどということはない」（191頁）。「幸福になるのは、いつだってむずかしいことなのだ」（『幸福論』岩波文庫、312頁）と述べたアランが思いだされる。

「人生に必要なのは内面の生き方、魂の生き方なのである。私たちの内面の生き方はとても貧しく、とても脆弱だ。（中略）

小説こそは私たちの魂に豊かさ、充溢をもたらしてくれるであろう。私たちは文学者が表現する魂のさまざまな状態と変化を知ることになるし、心理の微妙な色合いを観察して深遠で強固な感触を鍛え、物語の中の人物の高貴な行為の前で、国土の美しさの前で、更に感動することができる。そして、自分の魂こそを分析し、考察することができた時、私たちは更に十分に生きることになるのである」（191～192頁）。小説を読む喜びと、人生を深く味わって生きることの大切さが、魂の涵養の強調と重ねあわされている。素朴でありながら鮮烈な情熱のこもった主張だ。小説が今後どのような展開を見せるにしても、ラムの考え方は、小説の根幹にかかわる不変の「真実」にむすびついている。

『タイの大地の上で　現代作家・詩人選集』(吉岡みね子編訳、財団法人 大同生命国際文化基金、1999年)は、第二次世界大戦をはさむ戦前、戦後の作品を中心に編まれている。短編が9作品とふたつの詩が収められている。戦後から1960年代にかけて創作活動を続けたウッチェーニーの「より高く」という象徴的な詩をあげる。自然への賛歌と人間への希望と祈りに満ちた気高い詩である。インドの詩人、タゴールのスケールの大きい詩が連想される。訳者によれば、この詩は、「優美な文体がタイ語独特の音の響き、そして音韻と相俟って作品により深みを増し、読む者に限りないイメージを膨らませる」(271頁)。タイ語での朗読が聴きたくなるような詩である。

きらきら輝くガラスの糸のように
しなやかな優雅な曲線は黎明の光を歓び受けて
噴水は湧き上がる暁の水を
一瞬一瞬天空に向かって放ち、まき散らす
まるで虹が姿を変えて空から大地に降りてくるように

高く上がれ、より高く上がれ、恐れずに
くじけることを知らず、飽きることを知らず、緩めることを知らず
たとえ強い陽光を束にした天が雨を注いでも
心に深く刻まれた信念は尽きることなく

きらきら明るく輝き、晴れやかに笑みこぼれる水の糸
美しいさわやかな微笑の風を受け
しなやかに揺らめきながら曲線を投げ放ち、恵みを与える
森の風にそよぎ、枝が揺らめく、美しい花束のように
心に癒しを与え、魅入らせる

星が天空一面に散らばり、きらきらと光の房を垂れるとき
水の糸は天国以上の星屑をまき散らす
ピカピカと火花を散らすように燦然と光り輝き
まるでダイヤモンドを嘲り笑い
ダイヤモンドのきらめきをかすませるかのように

しなやかな優雅な曲線から甘いしずくがしたたり落ちる
それこそまさに薄暗い大地へ贈られた天のしずく
心楽しき清々しさをあたり一面にまき散らし
渇きを潤し、悪を、暗黒を和らげる

清らかな詩人の友愛の水のように
明るくきらめき輝く光線が一瞬一瞬宙に放たれる
美を目指し、善を目指し、天空に向かって湧き上がる
汚れなき美の力の中で気高く、永久に久しく

高く上がれ、より高く上がれ、恐れることなく
甘美な言葉のように妙なるかけがえのない価値を生み出せ
詩人の魂から水の流れで希望と力を創り出せ
尽きることなく永遠に　（２４７〜２４９頁）

四方田犬彦『アジア全方位　papers １９９０〜２０１３』（晶文社、２０１３年）は、アジアの国々への旅の記録や長期滞在経験にもとづく思索、各国の過去の歴史を視野におさめた講演などが一体となった

「熱い本」である。アジアの現実と激しくスパークする四方田の視線が、歴史の暗部、運命に翻弄されたひとびとの心理、芸能の地下水脈を照射して、強い響きをもったことばに結実している。一般的な常識をくつがえす著者の複眼は、冒頭の「アジア的体験」の数頁をはじめ、いたるところで異彩を放っている。「2013年5月　香港」のおしまいで、著者はこう述べる。「東アジアの大衆文化は戦後長い間、互いに相手をよく知らないままに、いつも興味深い平行現象を見せてきた。今ようやく境界が取り払われ、すべてを同時性のもとに見つめることが可能となりつつある」（21頁）。

全体は、「誰も知らないところに行く」「鳥を贈る」「離騒のなかの映像」「パレスチナ芸人、日本に来たる」「他者と内面」の五部構成である。間奏として、「インドネシア日記」（2007年）と「バンコク日記」（2008年）が挿入されている。「テヘランの書店にて」は、本を手にとって朗読を始めた老人の周りに群集が集まり、一緒に朗読する人も現れる光景を描いている（174〜177頁参照）。日本の書店ではおこりえない場面に遭遇した著者はこう語る。「わたしはテヘランの書店空間を成り立たせていた文化の厚みと人間の成熟したコミュニケーションのあり方に、かぎりない羨望と敬意を抱いている」（177頁）。そのほか、興味深い観察と報告がいくつもある。その多くは、常識を疑い、偏見を改め、自他の観点を公平に、冷静に検証する姿勢の大切さを強調している。

四方田は、1979年から一年間日本語教師として韓国に滞在し、「この一年の滞在経験を咀嚼するために、わたしはひょっとしたら一生を費やすことになるかもしれない」（433頁）と予感した。

その後、彼は日本にとって韓国とはなにか、わたしにとって日本とはなにかという問題を考え続けた。戦前と戦後の両国の関係とそれにつながる諸問題や、歴史に翻弄された韓国人の生活、韓国体験を創作の世界で掘りさげた大島渚、中上健次という日本人の軌跡も思索の対象になった。その歩みが、講演「他者としての日本、内面化された日本　日本による韓国併合百年を振り返って」に凝縮されている。「東アジアに怪奇映画は咲き誇る」という福岡での講演記録も興味深い。アジアの国々の歴史や文化、政治に関心のあるひとには、特におすすめの一冊である。

2月—1

古典の森を散策してみよう（3）

——ニーチェの誘惑——

ニーチェ（1844〜1900）は、マルクス、フロイトと並んで現代思想の潮流にもっとも強い影響を及ぼした。ニーチェの著作は、宗教批判や時代批判、認識論、価値論、道徳論、身体論といった文脈で多種多様な読み方を許すが、人間の成長論としても読むことができる。ドイツ文学の世界には、人間が教育や経験を通して内面的に成長する過程を描く「教養小説」の伝統が存在し、その代表的な作家として、ゲーテやトーマス・マンをあげることができる。ニーチェの著作の一部は、精神の遍歴や変身を主題化する内容を含むという意味で、その伝統を継承している。代表作の『ツァラトゥストラ』（上、下、吉沢伝三郎訳、ちくま学芸文庫、1993年）は、ニーチェの意図がどうであれ、青年の心を強烈に刺激し、生きる態度の改変をせまり、成長をうながす教養書としても読める。

『ツァラトゥストラ』の第一部から第三部までは、1883〜1884年にかけて、それぞれ約10日間で一気に書かれている。第四部は一年後に完成した。「万人のための、そして何びとのためのものでもない一冊の書」という副題がついている。ニーチェは、この本をだれもが読むべきだと見なした。しかし、この本はただ読むだけではとうてい理解されない。自分を変化させ、成長させる意欲をもつ者が、自分の情熱と本の内容とを交差させながら主体的に読む、身を切る覚悟で読むことを通じてしか、この本は理解できない。しかし、そういう読み方をするひとはほとんどいないだろうから、結局この本はだれのためにも書かれていないのだという、ニーチェの屈折した自意識と皮肉がこの副題に反映している。

ニーチェが人間に期待するのは「成長」である。成長のモデルはニーチェ自身である。ニーチェの生涯は、アカデミズムとの対決、キリスト教批判に見られる「伝統的なもの」への抵抗についやされた。彼は、ヨーロッパの社会にひそむ病巣をえぐりだすことに執念を燃やした。他方で、自分の病とも闘い続けた。ニーチェは、反時代的な批判精神を貫き通すことで、自己の認識の不断の拡張と向上を実現した。その経験が、人間への期待に反映している。とはいえ、その期待がかなうなどと単純素朴に信じていたわけではない。彼は、人間不信のペシミストでもあり、楽観的にも見える言説を積極的に駆使することで、同時に一種強烈なアイロニーの効果をもたらしている。

『ツァラトゥストラ』のなかで、ニーチェは主人公に人間の成長のヴィジョンを語らせる。

わたしはきみたちに超人を教える。人間は、超克されるべきところの、何ものかである。きみたちは、人間を超克するために、何をなしたか？（上、22頁）

超人の原語は Übermensch で、人間を超えるという意味をもつ名詞だが、ニーチェはこの言葉に動詞的な意味をもたせている。すなわち、超人とは、「われわれが人間という身分を超えて進んでいく」ということだ。超人はわれわれの外部に見いだされるのではない。われわれが主体的に自分の存在を乗り超えるようにして前進するときに、われわれにおいて超人が姿を現すのである。超人という存在に目ざめるということは、われわれが人間を超えていく途上にあり、自己生成する存在であることを自覚し、超克に必要な試みを持続させていくことにつながる。そのためには、超人としての存在を意志的に目ざし、意欲的なあり方を選択しなければならない。

超人は大地の意味である。きみたちの意志は言うべきだ。超人を大地の意味たらしめよう！と。（上、23頁）

超人をめざす生は、大地に根ざす。身体的実存の強調だ。それは、大地を踏みしめる足の感覚の感受や、風や光を感じながら歩く喜びの享受、歩行に伴う疲労や苦痛の体感とむすびつく。超地上的なものへの希望を拒否し、身体よりも魂に重きをおく偏見を排して、みずからの身体的実存をまるごと肯定することへのすすめだ。

人間は、動物と超人とのあいだにかけ渡された一本の綱である、——一つの深淵の上にかかる一本の綱である。

一個の危険な渡り行き、一個の危険な途上、一個の危険な回顧、一個の危険な戦慄と停止、である。（上、26頁）

人間の成長は、だれかが準備してくれるものではない。群れのなかにまぎれて右顧左眄する日常や、だれもがすることしかしない生活から生まれてくるものでもない。人間の成長を妨げるものはいくつもある。われわれ自身が、自己の成長に対して抵抗する場合もある。その力に逆らって、困難なこと、面倒なことをあえてくわだて、実行する行為のなかから成長の芽が育つのだ。成長は、安易なものを拒否し、よりむずかしいことに挑戦する意志によって支えられる。怠惰な日常と決別して難関にいどむ行為には、労苦だけでなく、悔恨や屈辱、失敗や挫折も伴う。危険な道行きである。だが、危険を生きるからこそ、生きてあることの喜びも味わえるのだ。

ニーチェがツァラトゥストラに語らせる「力への意志（Wille zur Macht）」は多義的な意味を含む。そのひとつは、だれにもひそんでいるはずの「自分をよりパワフルな存在にしたい」、「より力強く生きたい」という意欲を形にすることこそ生きることだという意味である。ここでも、Macht（力）という名詞は、machen（つくる）という動詞の意味で捉えた方がよい。「力への意志」には、自己を超克する、自己を不断に強化するという、自分で自分をつくる行為への期待がこめられているからだ。自分のものとにとどまる、自分のなかに閉じこもるのではなく、自分を超えて進む、自分を力強い存在にすることのすすめだ。そのためには自力独行が不可欠である。流通する認識の枠組みを拒絶し、宗教的な伝統への依存を断ち切り、行為においても、認識においても自律的であろうとすることが大切なのだ。しかし、ニーチェは、この種の行為に身を投じる人間がいるなどとは、おそらく信じていなかっただろう。にもかかわらず、ニーチェはツァラトゥストラに激励のことばを語らせた。

そなたたちが高く登って行きたいのなら、そなたたち自身の足を用いよ！　ひとに運び上げてもらうな、他人の背や頭に乗るな！（下、279頁）

この呼びかけは、ニーチェの同時代人の耳にはほとんど届かなかった。他人の敷いたレールに乗りなれたわれわれにとっても、このことばは響いてこない。

社会のさまざまな場所では、しばしば、個人の自律性や思考力をそぎ落とし、個人を飼いならそうとする力が働いている。結果として、個人は集団のなかへと吸収されていく。ニーチェは、そうした傾向に断固として「ノー」をつきつけた。個の力が衰弱し、集団の威力がます社会を嫌悪したのだ。

ハイデガー、クロソフスキー、バタイユ、ドゥルーズなど、ニーチェについて語った人は多い。日本では、「超訳」と称するつまみぐい的な訳本がよく売れているが、じっくりとニーチェの本を読み、その世界を知りたいひとには、道案内の書として、永井均『これがニーチェだ』（講談社現代新書、1998年）と、須藤訓任『ニーチェ〈永劫回帰〉という迷宮』の二冊をすすめる。いずれも、ニーチェとの長いつきあいから生まれた読み応えのある力作だ。

リヒャルト・シュトラウスは、この著作からインスピレーションを得て、交響詩「ツァラトゥストラはこう語った」を作曲した。この作品の導入部は、キューブリックの映画「2001年宇宙の旅」

の冒頭で用いられている。

「愛の嵐」で知られるイタリアの映画監督、リリアーナ・カヴァーニは、「ルー・サロメ　善悪の彼岸」（１９７７年）で、ルー・サロメという女性を軸にして、パウル・レー、ニーチェとの友情と交情を中心に描きだした。当時の時代背景、妄執と愛、悪魔的な人間関係を、ニーチェの思想とからめて映像化した傑作だ。当初日本では１９８５年に、性描写に40箇所以上の修正が加えられたが、２００６年になって、イタリア語版がほぼノー・カットで公開された。

2月—2

猫と人間

——「猫になればいい」(吉本隆明)——

人間どうしのつきあいと同様に、生き物とひととのつきあいにもさまざまな陰影が伴う。ペットと共に生きるひとは、彼らとの交流から、人間どうしでは味わうことのできない豊かな経験をしているだろう。猫という生き物も、ひとに格別な幸福や新鮮な驚きをもたらしてくれる。釣り文学や温泉文学があるように、猫文学というジャンルもあり、猫を話題にした本はあまたある。今回は、そんな本をいくつか紹介しよう。

『フランシス子へ』（講談社、2013年）は、亡くなる3箇月前の吉本隆明が、亡くなった最愛の猫フランシス子について語ったことの一部である。聞き手の瀧晴巳がうまくまとめている。「鍵のない玄関」と題したあとがきで、長女のハルノ宵子が述べている。「瀧さんの文章は、あの頃の父の夢の中のような、詩うような語り口がよく再現されている。（中略）これは決して軽い本ではない。生と死の狭間にあった〝シャーマン〟としての父の〝ことば〟を正確に読み取れたのは、彼女たちが現代を生きる〝巫女〟だからだと思う」（124頁）。

『言語にとって美とはなにか』『共同幻想論』『心的現象論』などで巨大な観念世界を構築した吉本が、80歳を越え、この本ではやわらかな語り部となって、フランシス子への思いをとつとつと口にしている。この世界のことばでありながら、向こう側の世界からのことばのようにも響いてくる。吉本に特徴的な硬質な論理性は姿を消して、この本では繊細な情感性がたゆたい、自意識のためらいも随所に感じられる。思春期のゆれや異和感が老年になっても保たれていることにめまいを覚えるほどだ。この本の白眉は、「自分の『うつし』がそこにいる」のなかの語りだ。少しだけ引用してみよう。

猫っていうのは本当に不思議なもんです。猫にしかない、独特の魅力があるんですね。それは何かっていったら、自分が猫に近づいて飼っていると、猫も自分の「うつし」を返すようになってくる。

あの合わせ鏡のような同体感をどう言ったらいいんでしょう。自分の「うつし」がそこにいるっていうあの感じというのは、ちょっとほかの動物ではたとえようがない気がします。(20頁)

猫好きには親しい感覚の表現が絶妙だ。猫との距離が埋まらないと、「うつし」感はおとずれない。猫はそこにいて、私はここにいるという二元性がやぶられて、猫と私の同質性が感じられるためには、特異な心の働き方が必要だ。それは猫が与えてくれるものだ。猫と生きることは、ふたつの生を生きることだ。

おしまいの方で、吉本が語る。「僕のほうがフランシス子に何かしてやれたかっていえば、今のところ、そういう自覚はまるでないので、やっぱりフランシス子のほうが僕に精いっぱい尽くしてくれた、精いっぱいかまってくれたからでしょうね」（23頁）。モンテーニュと同じ着地点だ。彼は『エセー』のなかで、「猫とじゃれているとこちらが思っていても、もしかすると、猫の方がわたしを相手に暇をつぶしているのかもしれない」という意味のことを述べている。

吉本には、猫についてのインタヴューをまとめた『なぜ、猫とつきあうのか』（河出文庫、1998年）もある。こちらには、「猫の部分」と題する傑作エッセーがついている。次女の吉本ばななは、あとがきの終わりをこうむすんでいる。「私は姉がたくさんの血や涙を流しながら猫を飼ってきてそのことが父の心をこんなにも潤しているこの本のなりたちを思うと、いかなる血や涙もただ流れるだけでなくなにか豊かなものに注がれているのだとあらためて思った」（206頁）。

『猫』（中公文庫、2009年）は、1955年に中央公論社から出版された本の再編集版である。有馬頼義（1918〜1980）、井伏鱒二（1898〜1993）、大佛次郎（1897〜1973）、谷崎潤一郎（1886〜1965）、寺田寅彦（1878〜1935）、柳田國男（1875〜1962）といったひとの猫話を集めている。それぞれが猫という生き物の妊娠と出産、狩りといった生活の一面を映しだしている。猫の歴史にまでおよぶものもある。大佛次郎の自宅には常時15匹の猫が飼われていたというが、

「『猫の隠居』の話」では、15年生きたお爺さん猫の生と死が語られている。大佛はこう締めくくっている。「猫としても立派な奴だつたと思ふ。小さい時から不幸で惨めな一生だつたのに、卑屈でなかつたのが気持ちがいい。庭の白い梅の木の根もとに穴を掘つて葬むつてやつた」(55頁)。寺田は、「子猫」のなかで、子猫との親密な交流を語った後、おわりの方でこう述べている。「私は猫に対して感ずるやうな純粋な温かい愛情を人間に対して懐く事の出来ないのを残念に思ふ。さういう事が可能になる為には私は人間より一段高い存在になる必要があるかも知れない。それはとても出来さうもないし、仮りにそれが出来たとした時に私は恐らく超人の孤独と悲哀を感じなければなるまい。凡人の私は矢張子猫でも可愛がつて、そして人間は人間として尊敬し親しみ恐れ憚り或は憎むより外はないかも知れない」(166頁)。

木村衣有子『猫の本棚』(平凡社、2011年)は、「猫文学」のガイドブックだ。「まえがき」にこうある。

本の中に、いろいろな猫を見つける。
猫らしさに縛られている猫。
のけものにされる猫。

溺愛されて今にも溺れそうな猫。
ただの猫。
猫は猫であるだけで、歩いたそのあとに、物語を残すことができる。（5頁）

猫はお話になる。猫好きのひとの語りはつきない。木村は「猫文学を読む」のなかで、武田百合子『富士日記』からトーベ・ヤンソン『ムーミン谷の彗星』まで、全部で23人の作品を選んで、それぞれの魅力的なさわりに触れている。「猫を知る」では、吉本隆明『なぜ、猫とつきあうのか』、岩合光昭『ネコを撮る』、野澤延行『のらネコ、町をゆく』、大木卓『猫の民俗学』、浅生ハルミン『私は猫ストーカー』が紹介されている。

猫は、人間の生態の明暗を照らす光のような存在でもある。猫を知ることで、猫と交わることで、狭い視野がうちやぶられることもあるだろう。ぜひ猫文学に親しんでほしい。

3月—1
詩を読んで楽しもう
—詩は世界を見る目を鍛える—

詩を読んで楽しもう
言葉は
目には見えないものを
観えるものにする魔法—

ことばは、目には見えないものを観えるものにする魔法の効果をもつ。ことばは、見える世界と見えない世界に無数のつながりをもたらす。ことばがことばを呼び、響きあい、練りあげられて詩が生まれる。書かれた詩は、読み手が現れないかぎり、物理的なものでしかない。しかし、読み手がページをめくるとき、ことばがよみがえり、読み手の経験にあらたな変化を与える。詩を読むことは、ことばとの接触とことばの再生という経験を通じて、自己をあたらしくすることでもある。詩を敬遠する人は、自己の更新という貴重な機会を失い、詩を読む楽しさからも遠ざかってしまう。「詩は、そして言語は、意思疎通の手段であるばかりか、情熱や快楽の源泉でもあり得る――」（J・L・ボルヘス『詩という仕事について』（鼓直訳、岩波文庫、2011年、13頁））。詩への感受性を開くことで、言語を介した無類の快楽が味わえるのだ。

今回は、世界や人間についての新鮮なヴィジョンを提示する詩をいくつか紹介しよう。

インドの詩人、ラビンドラナート・タゴール（1861～1941）は、スケールの大きい詩をいくつも残した。およそ100年前に、アジア人としては初のノーベル文学賞を受賞した。『タゴール　死生の詩』（森本達雄編訳、人間と歴史社、2002年）には、英詩人ウイリアム・イェイツを特に感動させたという『ギタンジャリ』（ベンガル語で「歌のささげもの」という意味）のなかから20の詩が選ばれている。

つぎがそのひとつだ。

昼となく夜となく　わたしの血管をながれる同じ生命の流れが、世界をつらぬいてながれ、律動的に鼓動をうちながら　躍動している。
その同じ生命が　大地の塵のなかをかけめぐり、無数の草の葉のなかに歓びとなって萌え出で、木の葉や花々のざわめく波となってくだける。
その同じ生命が　生と死の海の揺籠のなかで、潮の満ち干につれて　ゆられている。
この生命の世界に触れると　わたしの手足は輝きわたるかに思われる。そして、いまこの刹那にも、幾世代の生命の鼓動が　わたしの血のなかに脈打っているという思いから、わたしの誇りは湧きおこる。（29～30頁）

いのちを讃えることばの響きが美しい。わたしを支えるいのち、わたしに受けつがれた幾世代のいのち、森羅万象を貫いて流れるいのち、いのちの脈動が世界を躍動させている。物も、草花も、動物もひとも、いのちに祝福され、いのちの歌を歌っているのだ。
『ギタンジャリ』の全詩を読みたいひとには、同じ訳者による『ギタンジャリ』（第三文明社、1994年）がおすすめである。こちらにはイェイツの序文と、英文がついている。

タゴールはありとあらゆるものに宿るいのちを祝福したが、人間のいのちの営みを力強い調べで歌ったのがアメリカの国民的詩人とも言われるウォルト・ホイットマン（1819〜1892）である。代表作が『草の葉（上・中・下）』（酒本雅之訳、岩波文庫、1998年）である。30代の半ばに出版された。労働組合運動、選挙権の拡大運動といった、1930年代から40年代にかけての民衆の政治活動が活発になった時代に生きたホイットマンの思想や心情がこの詩集にこめられている。「『自分自身』をわたしは歌う」という詩をつぎにあげよう。

「自分自身」をわたしは歌う、素朴で自立した人間を、
それでいて「民衆の仲間」、「大衆のひとり」という言葉もわたしの口ぐせ。
頭のてっぺんから爪先までいのちの営みをわたしは歌う、
顔つきばかり脳髄ばかりを「詩神」は愛でず、すべてが揃った「人体」こそ遥かに尊い宝のはず、
「男性」ばかりか「女性」もひとしくわたしは歌う。
情熱、脈搏、活力、すべてにおいて測りしれぬ「いのち」をそなえ、
奔放自在な振舞いができるよう神聖な法則どおりに造られた、
陽気で「新しい人間」をわたしは歌う。（上巻、47〜48頁）

メキシコの詩人のオクタビオ・パス（1914～1998）は、ことばの自在な組みあわせによって、世界の多様な相貌に迫った。いのちの存在たちの接触も詩になった。つぎにあげる桑名一博訳による「二つのからだ」（『祝婚歌』所収、谷川俊太郎編、書肆山田、1981年、42～43頁）は、「対の関係」を生きる身体のつかの間の生態を照射した詩である。ことばが喚起するイメージが鮮やかだ。

むかいあう二つのからだ
あるときは夜の海の
二つの波。

むかいあう二つのからだ
あるときは夜の砂漠の
二つの石。

むかいあう二つのからだ
あるときは夜の底で
からみあう根。

むかいあう二つのからだ

あるときは夜の稲妻の
二つの刃。
むかいあう二つのからだ
あるときは虚空に落ちる
二つの星。

オクタビオ・パスの鋭敏な言語意識によってつむぎだされる詩の世界では、ことばが闇を切り裂く一瞬の光のようにきらめいて、現実の断面をくっきりと照らしだす。突出したことばが交差して、跳ねあがり、裂け、鳴り響いている。ことばが、太古の自然、宇宙と人間の内部空間を貫いている。『オクタビオ・パス詩集』（真辺博章編・訳、世界現代詩文庫23、土曜美術社出版販売、1997年）が出版されているので、詩のことばのもつ力に触れてみてほしい。

3月—2

われ自らを語る、ゆえにわれあり

——自伝を読んでみよう——

日常の会話では、自慢話は嫌われる。得意げに自分のことを語るひとのかたわらで、不快感をおし隠して聞くふりをするひとがいる。ふんと顔をそむけるひともいる。自己宣伝や自己吹聴は他人の心には響かず、たいていは本人に空しく帰っていくだけなのだ。それでも飽きることなく無神経に自分を語る快楽に溺れるひとの数は知れない。

自分のことや自分に生じた出来事を周囲の人に語るだけでなく、文字によって表現し、広く世間に伝えることを望む人間によって自伝が書かれる。その内容が通俗的で、たわいもない自慢がまじる下品でお粗末なものであれば淘汰され、読むにあたいする内容を含む自伝だけが読みつがれて、後世に残る。18世紀後半に書き始められたベンジャミン・フランクリン（１７０６～１７９０）の自伝（『フランクリン自伝』渡邊利雄訳、中公クラシックス、２００４年）は、約２４０年後のいまも多くの読者を得ている。政治家、文筆家、発明家、科学者、印刷業者などいくつもの顔をもつフランクリンは、レオナルド・ダ・ヴィンチと比較されるほど多彩な才能に恵まれた。１７３１年にアメリカで最初の公共図書館を設立した。１７５２年には、それまでの電気実験をふまえながら、凧をあげて、稲妻と電気の同一性を証明した。１７７６年にはアメリカ独立宣言の起草委員のひとりとしてトーマス・ジェファーソンを助けた。

この自伝は、前半、中間章――自伝執筆をすすめる二通の手紙、後半の三部構成であり、前半は記憶に残る出来事を息子に伝える目的で書き始められ、後半は一般の読者を念頭にして書かれている。楽天的なアメリカ人の成功物語にすぎないと軽く見るひともいれば、この世界を強く生きぬくためのアドヴァイス満載の書と高く評価するひともあり、毀誉褒貶はつきない。軽妙なユーモアが通奏低音となった、文句なしに楽しく読める自伝だ。

フランクリンは、第一章「少年時代」のなかで、自伝を書く理由をいくつか述べている。神の恵みによって大成功をおさめた自分の生涯を回想して後世に残すこと、「老人にありがちなあの自分の身の上ばなしや過去の自慢ばなしをするという癖を満足させること」（5頁）、「自分自身の「虚栄心」を思うぞんぶん満足させること」（5頁）などである。自分の言動の意味を誤りなくつかんでいるひとのことばだ。この例をはじめとして、自分の長所や短所、癖、困った傾向などを余裕をもって眺める態度、ときにシニカルな人間観察、人間劇の意味を柔軟にくみとる姿勢などに老人ならではの年輪が見事に反映していて、モンテーニュ、パスカル、ラ・ロシュフコー、ラ・ブリュイエールといったモラリストの記述が連想される。たとえば、思いあがりについてはこう書かれる。「まことに、人間が生まれもった感情のなかで、〝思いあがり〟ほど抑えがたいものはたぶんないのではないか。思いあがりというものは、どんなに偽りかくそうとしても、組み打ちして、思うぞんぶん殴りつけ、息の根をとめ、そして抑えつけておいても、依然、生きていて、ときどき頭をのぞかせたり、姿を現したりする」（208頁）。

この自伝の白眉は、後半の第六章「13の徳目の確立」であろう。テーマは、「道徳的に完璧な域に達しようという、大胆で困難な計画」（190頁）の実現である。そのためには、悪い習慣を打破し、よい習慣をつくり、しっかりとそれを身につけることである（190〜191頁参照）。デカルトが『方法序説』のなかで述べたような、自分で自分を導くという困難な試みへの挑戦だ。よい習慣を獲得するために必要な徳目が、厳選して13項目あげてある。道徳論ではなじみの項目だが全部列挙してみよう。節制（暴飲暴食を慎む）、沈黙（無駄話を避ける）、規律、決断（すべきことを決め、実行する）、節約、勤勉、誠実、正義（他人に害を及ぼさない）、中庸、清潔、平静（日常の些事や避けがたい出来事で心を乱さない）、純潔、謙譲（キリストとソクラテスに見習う）である（191〜193頁参照）。フランクリンは、道徳的に完璧な人間になるためには、ひとつひとつの徳目を確実に身につけることが最善と考え、その努力の過程が一目でわかるような手帳をつくり、よい習慣を獲得することをめざしている。注意深い自己反省と不徳に陥りやすい日常生活の修正の方法も細かくしるされている。

ベートーヴェンは苦悩を通じての歓喜を歌い、ニーチェは超人を説いたが、フランクリンは完璧なひとになるための実践という貴重な記録を残した。謙譲の徳を重んじる彼は、自分の手帳にキケロのことばを書きとめた。「おお、汝、人生の道案内を務める学問よ。美徳をもとめ、悪徳をしりぞける学問よ。汝の教えに従って有益にすごしたる一日は、過失に満ちた永遠の生よりも望ましい」（197頁）。トムソンの詩のなかの祈禱文も書きとめられた。「光と命の父よ。汝、至善の神よ。／私によきことを教えたまえ。／おんみずから教えたまえ。／愚かなること、むなしきこと、悪しきこと、／すべての卑しき行為からわれを救いたまえ。／知恵と、心のやすらぎと、清らかな徳にて、／わが魂をみたしたまえ。／神聖にして、むなしからざる、色あせることなき祝福をわれにあたえたまえ」（198～199頁）。

フランクリンの自伝を日課のようにして読んだのは正岡子規である。メルヴィルやマーク・トウェインなどは、この自伝のもつ世俗性、功利性、自己満足性を批判し、マックス・ヴェーバーは自伝と資本主義の精神とをむすびつけて論じた。自伝を通じて18世紀アメリカの国情を探る人もいる。いずれにせよ、フランクリンの自伝の幅広さが多様な読み方を許してきたのである。

ハインリヒ・シュリーマン（1822～1890）の自伝（『古代への情熱』関楠生訳、新潮文庫、改版、2004年）も、いまもよく読まれている。このタイトルが有名だが、原題は「死までを補完した自叙伝」である。彼の著書『イーリオス』掲載の自叙伝が初めにおかれている。それ以外は、ほかのひとが彼の文章を挿入しながら、のちの発掘活動と死にいたるまでの生涯のエピソードをまとめたものである。

幼年期の夢をもち続けて、後年に実らせることのできるひとはまれだろう。幼いころの夢の大半は、その後の多忙な生活のリズムにかき消されてしまうからだ。シュリーマンは、まれな人物のひとりだ。彼は、自伝の冒頭で、身の上話から始める理由をこう語る。「私の後半生の活動はすべて、私がまだほんの子どもだったころに受けたいくつかの感銘によって規定されたのだということ、いやそれどころか、それらの感銘から生ずる必然的な結果だったのだということをはっきりさせたいからにほかならない」（12頁）。幼い頃、シュリーマンは、ホメーロスの叙事詩を感嘆をまじえて語る父親から、トロイアの破壊と消失の顚末を聞かされる。しかし、彼はそれを信じず、いつの日か地中に埋もれたトロイアを発掘することを夢見る。

発掘には莫大なお金がいる。古代ギリシア語を学ぶことも前提となる。さいわいにも、シュリーマンは、商才と類まれな語学習得の才能に恵まれた。より多くの報酬を得るために、仕事とからめて英語の勉強から始めた彼は、6週間以内に、フランス語、スペイン語、イタリア語、ポルトガル語を流暢に話したり書いたりするようになる。その後、ロシア語、スウェーデン語、ポーランド語などにも習熟し、夢をかなえるために古典ギリシア語、現代ギリシア語の習得にもうちこむ。さらにラテン語の勉強を再開し、旅行の途上ではアラビア語を学んでもいる。彼は語学上達の秘訣を明かしている。大声での音読、ちょっとした翻訳、毎日一回の授業参加、興味のある対象についての作文と教師による添削、修正した文章の暗記と、次の授業での暗誦などである。音読とそれによって強化される暗記が基本だという。

シュリーマンは、1865年の3月から世界各地を旅行している。途中で江戸時代の日本を訪ねて、読み応えのある旅行記（『シュリーマン旅行記　清国・日本』石井和子訳、講談社学術文庫、1998年）を残している。翌年の春から二年間、パリで考古学の研究に専念した彼は、発掘への旅を前にした感慨をこうしるしている。「とうとう生涯の夢を実現できる時機がきた。私にとってあんなにも深い関心のまとだったできごとの舞台、そしてまた、子どもの私を夢中にさせたりなぐさめてくれたりした冒険の主人公たちの祖国を、たっぷり時間をかけて訪れることのできる時が」（49頁）。

その後のトロイアでの強引な発掘作業や大胆な解釈などは、シュリーマンを素人の考古学者と見くだした専門家たちの誤解や批判にさらされもした。しかし、彼の数々の発見と情熱的な研究業績が考古学の世界を革新したことはだれも否定できない。

石牟礼道子（1927〜）の『葭の渚』（藤原書店、2014年）は、自然といきもののつながり、家族、農村と都会、日本の近代史、文明の危機などについての省察をうながす渾身の自伝である。「熊本日日新聞」に2008年から2012年まで連載された。四部構成で、第一部では、水俣の栄町での暮らしの日々や、親族の記憶が語られる。第二部「天草を遡る旅」では、石についての一文が心に響く。「石といえば、一見いかにも頑固で無口で無表情なものの典型に思われるけれども、古い古い時代からこの世にあって、人間だけでなく、恐竜たちや草木の先祖たちのこと、この世のはじまりから全部見てきたにちがいない」（86頁）。「原郷としての不知火海」のなかの小川についての記述も読み過ごせない。「このような小川は、山ぎわの小さな泉から無数に湧き出して、人体の毛細血管さながら、この列島の大地を活かし、脈うっていたのではないか。それが人間の心と魂と躰を養っていたのではないか。何よりも心の絆を」(139頁)。その小川が、「三面コンクリートのドブ」(同頁)に変わった現代。石牟礼はつぶやく。「『春の小川』といってもイメージできない若い世代が多かろう。大地のめぐみ、その神秘さを閉じ込めたコンクリート文明を都市化とよろこぶ人がふえている。いのちの美しさ、けなげさを知らない若い人々」(140頁)。

第三部では、戦時下の状況と終戦後の仕事や結婚についての記述のほかに、歌人・志賀狂太との交流と、それを通じて文学の世界に踏みこんだという思いがつづられる。「人はなぜ、それぞれ悲しみを抱いていくのだろうか。たぶん先祖たちの癒されなかった煩悶が代々あって、それを受け継いで生まれて来たからだろう。遠い祖先のそれぞれの絶望には、わたしたちには分からない深い訳があったに違いない。しきりにそういうことを考えるようになった」(298~299頁)。水俣病との出会いを語る第四部で、石牟礼は自分のなかでおきた大きな地殻変動をこう話す。「この世を知的にとらえるためには合わせ鏡が必要だ。その鏡とは、この百年を具体的に生きてきた庶民の目でなければならない。自分の村の一人一人のことを考えている内に、目に一丁字もない人間がこの世をどう見ているか、それが大切であると思えた。権威も肩書きも地位もない、ただの人間が、この世の仕組みの最初の一人であるから」(328頁)。おしまいの方で、『苦海浄土』執筆中の自戒が、患者の思いを受けとめてこうしるされている。「こやんこつばあんたは体験しよっとよ、忘れちゃならん。患者さんたちが一所懸命語んなはっとば、ちゃんと耳に入れとかんばいかんよ」(381頁)。

おわりに

本書は、『18歳の読書論——図書館長からのメッセージ——』の続編である。阪南大学図書館のホームページ「おすすめの一冊」に、2010年から連載を始めて5年目になる。続編は、この2年間の間に連載したものを中心にまとめたものである。

今回も、図書館職員の三笠範香さんが、「フォトライブラリー」のフリーダウンロード画像を加工して、拙文をすてきな画像で飾ってくださった。ご協力に対して、心より感謝したい。同職員の井窪昭博さんにも、画像の修正の件でお世話になった。お礼申しあげたい。

図書館のスタッフのみなさんからは、おりにふれてご意見やご感想を頂戴しており、この場を借りて、「ありがとう」のことばをお伝えしたい。

本書の出版に際しては、今回も、晃洋書房編集部の井上芳郎さんに後押ししていただいた。完成にいたるまでの間のご配慮に、お礼申しあげたい。また編集部の山本博子さんには、校正の面でご苦労をおかけし、お詫びするとともに感謝申しあげたい。お世話になった晃洋書房のみなさまにもお礼申しあげたい。

妻のゆりえは、今回も筆者の拙文が読みやすくなるように工夫してくれた。

なお、本文中の敬称の省略については、ご寛恕願えれば幸いである。

スマホ世代の読書離れは止まりそうにないが、本書を読んで、読書の喜びに目覚めるひとがひとりでも増えることを願ってやまない。

2014年　初夏

和田　渡

〈ヤ・ラ・ワ行〉

〈タ　行〉

〈ナ　行〉

〈ハ　行〉

〈マ　行〉

書名索引

〈マ　行〉

〈ヤ　行〉

〈ラ　行〉

〈タ　行〉

〈ナ　行〉

〈ハ　行〉

人名索引

《著者紹介》

和 田　渡（わだ　わたる）

1949年生まれ

同志社大学大学院文学研究科博士課程単位取得

現　在　阪南大学経済学部教授

専　攻　哲学

著　書

『自己の探究』ナカニシヤ出版，2005年.

『18歳の読書論――図書館長からのメッセージ――』晃洋書房，2013年.

共　訳

『身体　内面性についての試論』ナカニシヤ出版，2001年.

『使える現象学』筑摩書房（ちくま学芸文庫），2007年.

続・18歳の読書論
――図書館長からのメッセージ――

2014年8月30日　初版第1刷発行

＊定価はカバーに表示してあります

著者の了解により検印省略

著　者　和　田　渡©
発行者　川　東　義　武
印刷者　田　中　雅　博

発行所　株式会社　晃　洋　書　房
〒615-0026　京都市右京区西院北矢掛町7番地
電話　075(312)0788番(代)
振替口座　01040-6-32280

ISBN978-4-7710-2558-5

印刷　創栄図書印刷(株)
製本　(株)藤沢製本